ちくま新書

法隆寺の謎を解く

武澤秀一
Takezawa Shuichi

601

法隆寺の謎を解く【目次】

第二章 めぐる作法／めぐる空間

第三章 法隆寺は突然変異か

はじめに——挫折から

　ある日突然に——、大きな仕事が舞い込んできた。東京郊外の大きな霊園に二万五千体を納める納骨堂の設計でした。

　当時、四十代に入ったばかりでした。建築家として勝負の時と思い定め、何のあてもないままに思い切って大学を退職し独立したところだった。荒海に漕ぎ出した小舟一艘《そう》、波間にただよう木の葉同然だった事務所にとってこの上ない朗報に、スタッフともども、とび上がって喜んだものです。この仕事のために事務所を移転・拡大し、スタッフも増やした。わたしが初めてつかんだビッグ・プロジェクトだったのです。

　始めてみると、経済至上主義で走ってきた戦後の日本社会に、祈りの場所、祈りの空間をつくるのは予想以上に困難な課題でした。現代建築のやり方だけでは、この仕事はとうてい無理だ。製図板の上で格闘するだけではどうにもならない。そこで一念発起し、アジアの文化の源流、仏教のふるさとインドをこの目で確かめてこようと思い立った。インドに活路を求めたのでした。

数回におよぶインド行脚の経験を織り込んで進めた納骨堂の設計は、建築家生命のすべてを賭けたものでした。各分野の専門家たちの協力を得ながら、二年の歳月をかけて設計はようやく完了した。

しかし発注者側で企画そのものを見直す事態となり、予定された納骨堂の着工は一年、さらに一年と、あてもなく延ばされた。不安を抱えつつも納骨堂に意識を集中すべく、わたしのインド行脚はつづいた。当時はバブル華やかなりし頃でしたが、インドから日本を思うと、海の底から海面のさざ波を見上げるような気がしたものです。

そうこうしているうちにバブルがはじけた。これが引き金となって着工中止の事態に追い込まれた。二七二枚のA１判図面はついに日の目を見ることなく、闇に葬られた――。すべてが終わった。

諸行無常とはこのことか、色即是空とはこのことか……。言葉だけでは何の救いにもならない。若い時ならともかく、四十過ぎての挫折は苦しい。

しかし、仕事は消えたとはいえ、なぜかインド行脚が止むことはなかった。というより、断ち切ることができなかったのです。心のなかにめばえたものは、事情が変わったからといってそう簡単に消えはしない。歩きつづけることが自分を納得させる唯一の道と思えましたし、それが苦しさを何か別のものに変える道でもあった。今ふり返れば、さらに広い世界に歩み出たような気さえします。

もし納骨堂が予定どおり進行していたなら、インド行脚がつづいていたかどうか。工事中は忙殺されてそれどころではなく、完成後は有頂天になり、インドのことなど遠い過去の思い出になってしまっていたかもしれない。——納骨堂の設計で得意になること自体、鼻持ちならないと思いますが。

時を経た今、納骨堂完成以上のものをインドから得たようにも思え、それなりに手ごたえを感じたりしているのですから、われながら始末に負えません。人生行路とは本当にわからないものです。

旅の途上、どこを回ってきたかとたずねられ、指折り数え地名をあげると、「全部聖地だ!」とインド人に驚かれたこともあった。そんな意識もなく、ただ惹かれた土地と建築を見て歩いているつもりだったのですが、いわれてはじめて気づきました。足掛け十年、六回にわたりインドの大地に点在する聖地をめぐり歩いていたのでした。

インドでは生も死もすべてが露わでした。日本でだったら哀れ、無残としか見えないことが、不思議なあかるさのなかにあります。ここが仏教のふるさとか……。日本で抱いていた仏教の暗い湿ったイメージはひとつひとつ塗り替えられていきました。それは正直、心地よいほどでした。

ブッダが登場する前から、インドには人生を四つの時期に分ける考え方があった。その最後の段階が遊行期《ゆぎょう》で、ひとり旅に出、聖地を巡礼して歩く時期です。こうした考えは人口の大半を占めるヒンドゥー教徒に今も生きていて、インド各地で遊行者を見かけることは珍しくありません。ひょっとして、わたしの遊行期がすでにはじまっていたのかもしれない、そんな気もしてきます。

インドの大地に眠る仏教遺跡、そしていまなお熱い祈りの対象となっているネパール、チベットの仏教建造物を訪ね歩くと、目にするものはことごとく異国的なのに、なぜか日本についてのさまざまな想念が去来してきます。インドでは牛車の古代とコンピューターの現代が何の不思議もなく共存している。人間のたどって来た道筋が見えてくるのです。

今日、日本では過去が次々と忘れ去られていきます。脱ぎ捨てることが快楽であるかのように。しかしなかには、新たな光をインドから当てれば輝き出してくるような宝もあるのではないか。かすかな想いが泡立ちはじめる……。

インドで強く印象に残ることがあった。人びとが寺院のまわりを、そしてその中をぐるぐる回るのです。それがそのまま祈りの行為になっている。そういう空間のつくりになっているのです。ネパール、チベットでもそうだった。正面に向かって静止し、手を合わせる経験しかなかったわたしにとってこれは新鮮でした。そこであることに思い当たったのです。

かなり前になりますが、法隆寺は怨霊と化した聖徳太子の霊を封じ込めるために建てられたという梅原猛氏の説が一大センセーションを巻き起こしました。その説は門の真ん中に立つ柱に注目することからはじまっていました。その柱が出入りを妨げている、いわば通せんぼうをして怨霊を封じ込めているというものでした。

そうだろうか。インドで経験するように法隆寺でも聖域をぐるりと回っていたとすれば、門の真ん中に立つ柱の一方の側から入り、もう一方の側から出てくることになる。そういう動きがあったとすれば、門の真ん中に立つ柱が出入りを妨げている、とみるのはまったくの誤認ということになる。

インドで今なおさかんにおこなわれている作法からみてゆけば、門の真ん中に立つ柱の謎も解き明かされるのではないか。しかし、帰国後のせわしない日常のなかで、この思いもまた忘れ去られていました。

奈良に行かねば――、と心がざわめき出したのは、くり返してきたインドの旅の総決算ともいうべき前著『迷宮のインド紀行』を出した後でした。記憶の底に沈んでいた法隆寺がなぜか、蠢《うごめ》き出し、頭をもたげてきたのです。インド経験を表出した後、ぽっかり生じた心の空白に、かつてインドで抱いた想いが再び泡立ちはじめてきたのかもしれません。

とにかく奈良は斑鳩《いかるが》の里、法隆寺に行ってみよう!

法隆寺はわたしにとって、まさかという思いと、もしかしたらという期待の入りまじった、インドから日本への思いがけない着地点となりました。

こうして法隆寺謎解きの旅がはじまったのでした。

序章　法隆寺の謎

法隆寺中門の正面。その真ん中に立つ柱が論議を呼んできた。

1 謎解きのまえに

柿くへば　鐘が鳴るなり　法隆寺

三十年ぶりに訪れた法隆寺境内、その片隅で名物の柿の葉寿司をほおばったら、なつかしい句がふっと浮かんだ。柿をかじっていたら法隆寺の鐘が鳴ったというだけで、何でこれがブンガクなのかといぶかしく思った中学時代の記憶とともに——。

語呂がいいのは確かだ。でもそれだけなら他にいくらでもある。鮮やかな柿の色、古めかしい法隆寺、その対比がすばらしく、鐘の響きのなかにひとと法隆寺がむすばれる、と解説されても当時はピンとこない。有名な人が作ったから名句なんだ、というのが中学生の出した結論だった。あまりかわいくないが、なかなか穿《うが》った解釈だという気がしないでもない。長ずるに及び法隆寺だからこそ、この句が成り立つのだとわかってきた。他の有名な寺の名に置き換えてみても格好がつきません。やはり法隆寺でなければならないのです。

人びとの文化的DNAのなかに法隆寺の名は刷り込まれています。もちろん正真正銘の遺伝子ではありませんが、時代を超えて子々孫々に伝わっている。とにかく法隆寺はスゴイんだというマインドコントロールなしには、この句は成り立ちません。しかしもどかしいことに、いったい法隆寺とは何なのか、それがよくわかっていないのです。

†聖徳太子はいなかった?

法隆寺は聖徳太子ゆかりの寺としてひろく知られていますが、「聖徳太子はいなかった」という一瞬、耳を疑う議論があります。これにふれておきましょう。

仏教に深く帰依し周囲の尊敬を集めていた厩戸皇子《うまやと》は没後、崇拝の対象となり、いつしか聖徳太子という最高の尊称を得、聖人として今日まで語り継がれてきました。聖徳の名は七世紀末、持統《じとう》天皇の時代に認められるようですから没後七十年ほど経ってからでしょうか。生前、聖徳太子とはよばれていなかったわけですから、その意味では実在していたのは厩戸だけです。

それだけなら何も問題はないわけですが、「聖徳太子はいなかった」という議論は、聖徳太子に関わる話は法隆寺を創建し斑鳩宮を営んだこと以外、ほとんどすべてつくりごと、ウソ偽りだったといっているのです。日本最初の正史である日本書紀は厩戸と関係のないことを太子の実績だと言いつのり、それによって聖徳太子という架空の存在がつくり出されたという主張です。日本書紀には確かに聖徳太子礼讃の傾向はみられるようですし、事実はあきらかにされる必要があります。

ただブッダにせよ、キリストにせよ、はたまた聖徳太子にせよ、実在した人物が信仰の対象になってゆくとき、そこにカリスマ性がなければ無理でしょう。虚構が認められるにしても、それはカリスマとしての素地に立ってのことではないか。

また偶像化の過程で粉飾や虚構はつきものであり、むしろ必然的なことと思われます。わたしなど小学生の頃だったかと思いますが、「聖徳太子は十人ものひとの話を同時に聞き分けることができたのよ」と母から聞き、そんなの絶対ウソだと思った記憶があります。昭和三十年代当時、これからは科学の時代だ、迷信を追い払おうというような風潮があり、幼心《おさなごころ》にもそうした空気を吸っていたのだと思われます。

いつの世でもカリスマ像が成立するとき、演出や情報操作は不可欠といえるでしょう。人びとがこぞってそれを求めるという面もあります。ブッダやキリスト、はたまた現代のスーパースターにおいてすら、事情はそれぞれにせよ、それらが生まれる構造には共通するものがある。信仰においてはホントかウソかより、どれだけゆたかな意味を生み出せるかが優先されます。歴史研究と宗教研究のあいだに横たわる問題といえます。

「聖徳太子は虚構である」という主張は、以上のような前提を踏まえてもなお、聖徳太子像の誕生に時の権力者による政治的作為がはたらいていたことが見過ごせないのでしょう。太子の登場する日本書紀は一国の正史なのですから、その検討は歴史研究の任務として当然です。

ただし、いったん生まれた信仰はそれ自体でゆたかな意味の世界をすでに形成しているのですから、かけがえのない価値として心のなかに存在します。宗教的ゆたかさの世界は客観性を旨とする世界と尺度が違います。ひとは何らかの意味を生きているわけです。歴史研究は客観性の世界ですが、そこに生きがいを見いだすのもひとつの意味の選択にほかなりません。信仰という意味の世界を生きるひとにとって、客観性の観点から仮に問題があるにしても、ゆらぐものではないでしょう。

ある事実が虚構により増幅され強化されることはよくあります。信仰においてはむしろそれが普通です。虚構を促進剤としつつ、人びとにいかにゆたかな意味を与え、魅きつけることができるかどうか、そこに宗教の生命線があるといってもいい。美術や文学にしてもそうではないか。あらためていうまでもなく、事実と真実がつねに重なるとは限らないのです。

†ブッダはいなかった?

ブッダにもいくつかの呼び名があります。ふだんよく用いられる釈迦《しゃか》も、もちろん同じ人物をさしています。そもそもブッダとは目覚めた人、悟りを開いた人という意味です。シャーキャ族の王子ゴータマ・シッダールタ＝悉達《しった》太子が妻子を捨てて城を出、やがて悟りに達してブッダとよばれるようになった。釈迦はもちろん漢訳名ですが、シャーキャ族の出であることからきています。これだと単なる部族名ですし、また釈迦ではインド色がまったくといっていいほど消えてしまうのが残念です。中国、朝鮮のフィルターを通してわれわれは仏教を知ったわけですから、仕方がないといえばそれまでですが、わたしにはできるだけ原点のインドに立ち帰りたいという思いがあります。往時はともかく、現代ではそれができるのですから。ただ、すでに定着している仏像名などでは釈迦を踏襲することにします。

ブッダが実在の人物であると確定したのは今からたかだか百年ほど前のことです。ネパールのインド国境に近いルンビニーの地から古代インドの王アショーカの立てた石柱が出土し、ここがブッダの生誕地であることを示す銘文が刻まれていたのです。これでブッダの実在が確認されたわけですが、こうした事実とは関係なく仏教は人びとの心をゆたかにしてきたのです。なお、この石の円柱は今も現地に立っています。

これも小学生の頃ですが、父からお釈迦さまは母親の脇腹から生まれたと聞き、そんなことはありえないと思ったのが原因でブッダは架空の人物と思い込んでいました。わたしにとってブッダが実在の人物となったのは、ルンビニーを訪れて石柱を見た一九九七年です。

事実と虚構の総体のなかにひとは真実を見いだす。仏典を開けば、とくに大乗仏典の場合、ブッダはよく虚構のなかに現れます。ほとんどそうだといってもいいでしょう。実際にはありえないような話もたくさんありますが、そこで真実にふれ価値を見いだすことが重要なのであり、人びとはそのようにして意味の世界に生きてきたのです。日本では悉達太子と聖徳太子を重ね合わせる信仰がありました。

†法隆寺はいつ建てられたのか

世界最古の木造建築物!

日本最初の世界遺産!

日本が誇る最高の文化遺産でありながら、法隆寺には依然として不確かなことが多い。現存する木造建築物として世界最古というならば、それがいつ、何年に建ったのかぐらい、まず求められるデータです。ところが文書による明確な記録がない。それでさまざまな議論がつづいており、なお確定をみていないのが実情です。

建築部材に関する統一的なデータが二〇〇四年に奈良文化財研究所から発表されました。使用木材の伐採年代が年輪のパターンから科学的に割り出されたのです。科学と銘打てばみな正しいわけではありませんが、これは信頼度の高いデータと考えられます。これまで五重塔についての部分的な調査は行われていましたが、統一的に行われたのはこれが初めてです。金堂《こんどう》の天井板に用いられた材の伐採年が六六七年と六六八年、五重塔の材が六七三年、中門《ちゅうもん》の材が六九九年頃と判定されました（朝日新聞、二〇〇四年七月一六日）。

数字だけ聞かされてもなかなかピンときませんが、金堂と五重塔に関しては、国を二分する古代最大の内乱であった壬申《じんしん》の乱の前後あたりです。当時の建築物についてこれだけ克明に事情がわかるのは画期的なことです。このデータから、法隆寺の本質にかかわる深い謎を解き明かしてゆきます。

しかし、なぜこれで世界最古といえるのか？　世界にはもっと古い木造建築があっただろうに、と疑問をもたれることでしょう。

実際、紀元前にさかのぼる古代のギリシャやインドには壮大な木造建築物が数多くありました。今日、ギリシャ神殿といえばだれでも白い大理石建築を思い浮かべますが、じつは木造建築を大理石に置き換えたものでした。つまり、いま見るギリシャ神殿の前身として木造神殿があったのです。またインドの石窟寺院は木造寺院の形を岩盤の中に写し取ったものでした。しかし、それら木造建築物はすべて地上から消え去り、のこっていません。中国や朝鮮でも法隆寺より古い木造寺院があったはずですが、これものこっていない。世界中、見渡しても法隆寺に肩を並べるような対象は見当たらず、それで現存最古と判断されるのです。

なお、いつも古さが強調されますので、今ある法隆寺のすべてが建てられた当時のままと思いがちですが、じつは列柱回廊が大きくそのあり方を変えています。したがって囲われた聖域の様子はガラッと違っていますのでこの点、要注意です。

†法隆寺は焼けたのか

法隆寺が六七〇年に全焼した、と日本書紀は伝えています。その時の状況を、

「一屋《ひとつのいへ》モ余ルコト無シ、大雨《ひさめ》フリ雷《いかづち》震《な》ル。」

と描写しています。ところがその後のことについて書紀は何もふれない。法隆寺側にも焼失やその後に関する資料が一切ないとされてきました。

法隆寺は聖徳太子によって創建されたわけですが、それが焼けてしまったとすれば、目の前にある法隆寺は「再建」されたものなのか。

信仰者の立場からは創建のままと思いたいのが心情でしょう。しかし、明治以降、学問の振興とともに再建か否かが問題とされ、やがて激烈な論争に発展しました。一筋縄ではいかない経緯をたどったのですが、あえて図式的にいえば、書紀の記述を根拠に歴史家は再建を主張する。一方、建築史家たちは今ある法隆寺の建築様式の古さを理由に書紀を信用せず、再建ではないと主張した。

互いを「学界の恥」とまでののしる激しい応酬がありました。双方、あい譲らず、まさに骨肉相食《は》むような論戦が続きました。決着をつけようと東大構内で立会演説会まで開かれ、社会

的ニュースにまでなった。それでも論争は平行線をたどったままでした。

ようやく昭和十四年に発掘調査の機会がおとずれました。塔と金堂《こんどう》の跡が出てきたのです。意外なことに今ある法隆寺と建物の配置がまったく異なっていました。塔と金堂がタテに連なっており、ヨコに並ぶ現状とは対照的でした。ただし、火災の痕跡は見いだされなかった。

建物跡が出てきたことにより、法隆寺が焼けたという書紀の記述がほぼ裏付けられた格好です。〝論より証拠〟の空気がひろがり、これで再建説が優勢となりました。

今ある法隆寺は創建法隆寺と違う場所に建っています。したがって火災後に建てられたとはただちに結論づけられないはずですが、両者は建物の向きをはっきり違えていました。土地区画割の角度が異なっていたわけですが、これにくわえ二つの寺地は近接し、一部重なるところがある。そんなことから、両者が同時に存在したとは考えにくい、したがって火災後の再建と一般にみなされるようになりました。

また論争中には気づかなかったことですが、法隆寺所蔵の江戸時代中期の文書に焼けた伽藍のことが出ていました。しかし「再建」については記されていません。このこと自体も、やはり謎といっていいでしょう。

そして二〇〇四年に奈良県斑鳩町教育委員会の発掘調査によって焼けた壁画片が発見され、創建法隆寺が火災にあった確証が得られました（産経新聞ほか、二〇〇四年十二月二日）。

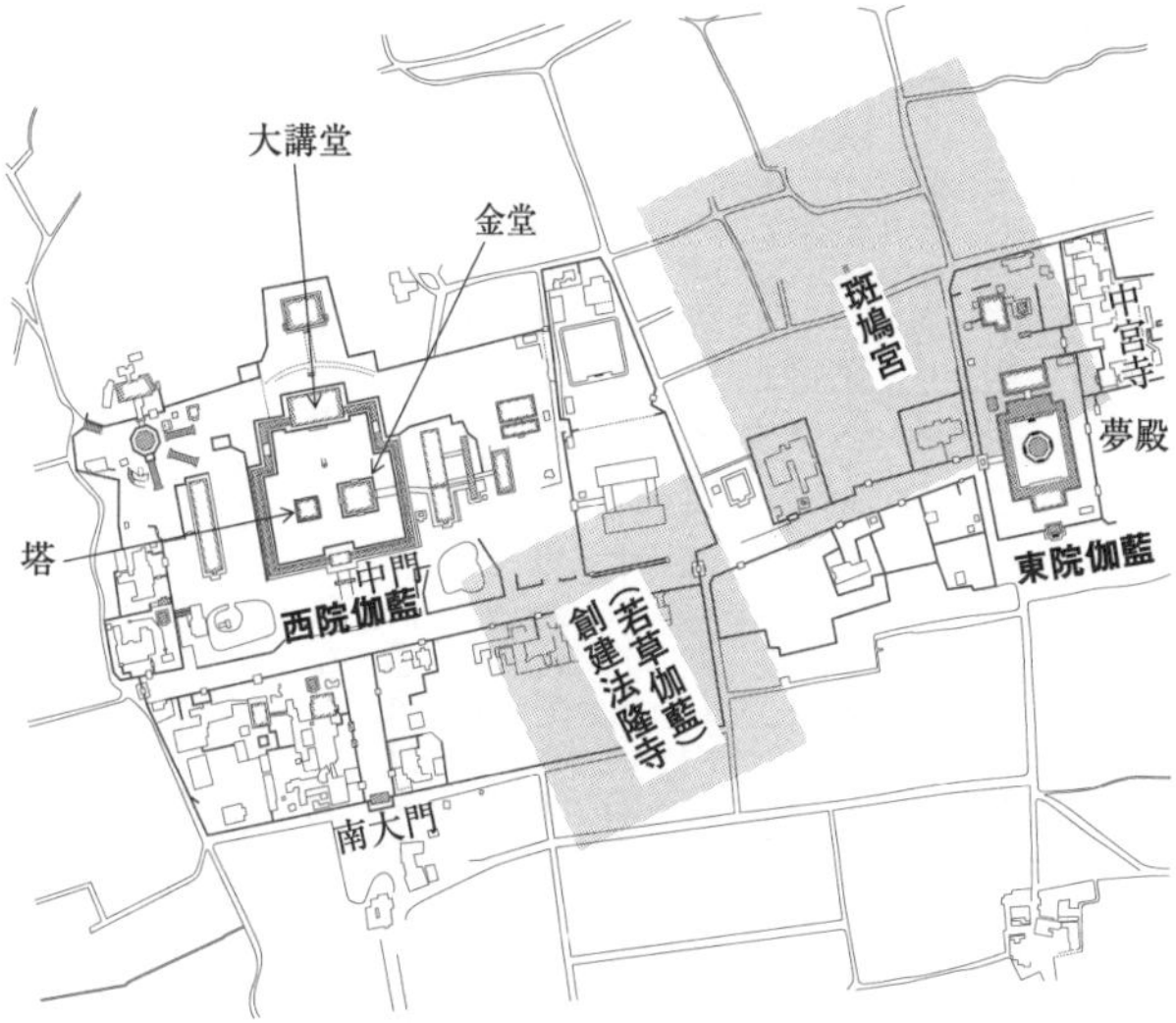

法隆寺全体配置図。西院伽藍は創建法隆寺の寺域に近接し、かつ角度を変えていた。創建法隆寺は、厩戸一族が住んでいた斑鳩宮と同じ角度で配置されていた。(森公章編『日本の時代史3　倭国から日本へ』吉川弘文館)

†再建か、それとも……

創建法隆寺が焼けた、そして現に法隆寺がある——。この事実から、新しく建てられることになった原因は火災とされ、それが常識となりました。そして今ある法隆寺はすべて火災後に再建された、と考えられてきました。単純ですが素直な思考のながれといっていいでしょう。

しかしここで留意しておきたいのは、今ある法隆寺は創建法隆寺から場所をうつし、土地区画割の角度を変え、同時に建物の向きを変え、さらには建物の配置もまったく変えたという点です。

現状では回廊に囲まれた聖域は平坦に見えますが、じつは丘陵地のふもとの起伏にとんだ土地に全面的に整地工事を施したものです。大規模な土木工事があって敷地が新たに造成されたのです。一見、平坦に見えますが、じつは中門から奥に向かって上りのゆるい傾斜となっています。聖域内から回廊に目を凝らせば確認できます。

火災後の単なる再建であるなら、同じ土地に建て替えるのが自然です。そうはしないで大々的に土木工事までしてわざわざ敷地を変え、建物配置もガラッと変えるのは単なる再建とはいえないものを感じさせます。今ある法隆寺が建てられたのは、火災とは別の、もっと深い理由があったのではないかと思われてきます。

また、今ある法隆寺がすべて火災の後に着工されたと思い込むのにも疑問の余地があります。新旧二つの法隆寺が同時に存在したとは考えにくい、と先に述べましたが、それはさまざまな建物からなる寺院の全体が完成した姿においてのことです。複数の建物が順次建てられていって寺院の全体が完成するわけですが、そうした時の経過のなかに新旧二つの法隆寺の関係をみてゆく必要があります。

これまでの情報をもとに、寺院の形成プロセスにおける個々の建物の前後関係を考えれば、今ある法隆寺のすべてが火災後に建てられたとは限りません。つまり一部の工事が始まっていたケースも可能性としてあり得る。そして実際、先に紹介した使用木材の伐採年のデータから、創建法隆寺が火災にあう前に現・金堂の工事が始まっていた可能性が出てきた。創建法隆寺が火災にあった六七〇年より二年前に伐採された木材、そして三年前に伐採された木材が現・金堂の天井に使われていたのです。

木材がかなり長期にわたって存置されていた可能性を考えてみる必要はありますが、今日のように流通機構があって木材がつねにストックされていたわけではありません。また伐採後、乾燥のための存置期間は必要ですが、長年にわたるとは考えにくい。他の建物から転用された可能性もないではない。しかし、二〇〇四年に発表されたデータから金堂、五重塔、中門と、それぞれの工事に対応してそのつど、伐採が行われていたことが読み取れるのです（松浦正昭氏のコメント、日本経済新聞、二〇〇四年七月一六日）。

火災が起きる前に、新しい法隆寺のための樹木伐採がすでに行われていた——。この事実は、相当重く受け止めなければなりません。その意味をよく考えてみる必要があります。火災の前に現・金堂の工事が始まっていた可能性がある（鈴木嘉吉氏のコメント、日本経済新聞、産経新聞、毎日新聞前掲日付）。あるいは既に完成していた可能性すら浮上してきます。

それにしても伐採に先立って構想段階があったはずです。まず構想があり、これに整地工事が続く。着工する建物に応じて樹木の伐採が行われる。——ということは、新たな建設構想は伐採の前から、したがって火災の起きるかなり前からあったと考えざるを得ない。

これはどういうことなのか、何を意味しているのか。

今ある法隆寺――、それは創建でないのはもちろんのこと、単なる再建でもなかった。火災の前から、つまり創建法隆寺が存在していた時から、それとまったく異なる建物配置をもつ新法隆寺構想があった。大規模な土木工事までして新たな敷地を用意し、新たな法隆寺を造るという新規事業があったとみられるのです。

使われた木材の伐採年が明確になったことから、今ある法隆寺を創建当時のものとする説はますます立場を失うこととなりました。創建でなければ再建という二分法からでしょうが、「再建が確実」との見出しが一部報道で躍りました。事実は今みたように単純ではなく、紋切り型思考から脱け出す必要があります。実際、通常いう建物の再建とは様相を異にしており、「再建」といってしまうと重要なポイントが掻き消されてしまいます。わたしの造語になりますが、それは〝新創建〟ともいうべきものでした。

それでは、いったい何のための新創建だったのか。

これだけ大きな変更をともなう新規プロジェクトは、法隆寺の性格を根本から変えるものであったに相違ありません。現・金堂に本尊が新旧二つあること――これも大きな謎です――とも関連がありそうです。

†新創建を進めた者は誰か

厩戸皇子の没後二十一年、息子の山背大兄《やましろのおおえ》皇子は皇位継承のもつれから思わぬ襲撃を受けましたが、亡き父の教えを守って戦うことを放棄し、みずから死を選ぶ。痛ましいことに一族の全員が命運を共にしました。ここに厩戸の血脈がすべて絶えてしまったのです。この悲惨な事件は多くの人びとの心を動かし、語り継がれてきました。これを機に、厩戸崇拝がさらに高まり、後の太子信仰につながったことは想像に難くない。

一族の滅亡後、どういう人たちが法隆寺の新創建を推進したのか。常識的には寺の僧たち、厩戸ゆかりの人びと、厩戸を慕う人びとということになりましょうが、今あるこれだけの伽藍を完成させるには信仰心や縁やゆかりだけでは不可能でしょう。相当な援助がもたらされる必要がある。それをまかなったのは誰なのか。

そしてその意図とは?

2 解き明かされる謎の数々

法隆寺にあっては何を事実とみなすかということすら、なかなか定まらない。そこにさまざまな説が生まれる余地があります。信頼できる科学的データが出ても、それがさらなる謎を呼んでしまう。それだけ関心の的になっているということでもあるわけですが。

一見もっともらしい説も時代風潮の産物であったりして、風向きが変わるといつのまにか消えてしまう。逆に、自説にこだわりつづけ、以後こじつけの議論を積み重ねるケースもある。他方〝瓢簞《ひょうたん》から駒〟で、とんだ思い違いから意外な事実が出てきたりもする。

仮説なしで謎解きはできませんが、不確定な要素があまりにも多いのでつねに確からしさの程度を見きわめ、修正を図っていく柔軟さも大事です。

本書で追ってゆく法隆寺の謎をさらに挙げておきましょう。

《なぜ、門の真ん中に柱が立つのか》

最初に立ちはだかる謎は何といっても中門の真ん中に立つ柱です。塔や金堂のある聖域への出入口が中門です。その真ん中に柱が立っている（序章扉）。出入りを妨げ、あたかも通せんぼうをするかのように……?
門の真ん中は空いているというのが古今東西、変わらぬ常識です。法隆寺中門のように、門の真ん中に堂々と柱が立つのはきわめて異例です。鎌倉時代の法隆寺僧から今日に至るまで、この謎はまことに多くのひとを巻き込んできました。その意味で法隆寺においてもっとも長期にわたる謎といってもいい。なぜ、門の真ん中に柱が立つのか。

《太子の怨霊を封じ込める寺なのか》

中門の真ん中に立つ柱は、聖徳太子の怨霊を封じ込めているという説があります。聖徳太子の一族を死に追いやった勢力がタタリを恐れ、太子の怨霊をまつるために今ある法隆寺を建てたというのです。妖気ただよう怪しい(?)説です。

この説はセンセーションを呼び、多くのひとを巻き込んできました。しかし建築の側からはほとんど無視されてきたに等しく、言及があってもわずか数行程度のものでした。真正面からの議論を本書で試みます。

《エンタシスはギリシャから来た?》

また法隆寺の柱はボーリングのピンのようにポッテリふくらんでいる。エンタシスとよばれる特徴で教科書にあった記憶のある方もおられるでしょう。エンタシスとはギリシャ建築の用語です。はたしてギリシャの影響が法隆寺に入ってきているのだろうか。

また、建物によって柱がもつ丸みの度合いに違いがあり、金堂がもっとも強い。次いで中門、そして五重塔となっています。これはどうしてか。

《みっともない(?)下屋がなぜ付いているのか》

次に、五重塔と金堂には下屋《げや》が付いています。一層目を隠してしまっている、第一みっともない、とその評判ははなはだ芳しくない。いったい、なぜ下屋をめぐらせているのか、これも謎とされ論議を集めてきました。

《なぜ本尊が二つもあるのか》

金堂の中には謎がいっぱいです。先にふれましたように本尊が新旧二つもあります。中央の釈迦三尊像が現・本尊、向かって右の薬師像が旧・本尊です。これも異例なことで、なぜ二つも本尊があるのか。創建法隆寺が焼けたから、もとからあった本尊がここに移されたのだろうと推測されます。それでは、なぜ新たに本尊を立て主役が交代したのか？　新創建の意図にも関連してくる本質的な謎です。

《本尊仏は火をくぐり抜けたのか》

本尊の釈迦像は銘文が伝える制作年によれば、火災の前に既に造られていました。創建法隆寺の金堂に安置されていたと推測するのが自然でしょうが、そうすると旧本尊とともに釈迦像は火災を受けたはずです。しかし釈迦像には火を受けた痕《あと》がまったく見当たらないのです。後

法隆寺五重塔のしくみ――作図監修：濵島正士、作画：奈良島知行（『朝日百科・日本の国宝 別冊　国宝と歴史の旅８　塔』朝日新聞社）

に述べますが小さくて移しやすい薬師像が新しく造り替えられたようなのに、巨大な釈迦像だけが猛火の中、無傷で持ち出されたことになります。これも大変不思議です。明治の美術界をリードした岡倉天心によれば、

「火災の際いかにして一丈有余の大銅像を持ち出し得たるか。その建築は戸は小なるに、いかにして出し得たるか。その諸像を視るに火を経たるの痕跡だになし。」（『日本美術史』）

《なぜ仏像と壁画の様式が違うのか》

これらの仏像は壁画に囲まれています。しかし絵と彫刻という形式の違いを差し引いても、壁画と釈迦像の表現の調子が合っていません。釈迦像のやや硬さをおびた実直な表現と、壁画のふくいくたる官能をおびた女性的でやわらかな表現には大きな差が認められる。様式の違いを考えざるをえないのです。再び天心の言葉を借りれば、

「一堂内に壁画仏像のその様式全く相異なるものあるは、いかなる原因なるか。これ議論の存するところなり。」（前掲書）

《なぜ心柱だけ地中に落とし込むのか》

五重塔についても不思議がいっぱいです。まずは真ん中に立つ心柱《しんばしら》についてです。他の柱はみな基壇の上に立っているのに、心柱だけは地中深くまで穴を掘り、柱を落とし込んだ掘立て柱になっている。地上に出る部分にくらべて地中にある部分は当然腐りやすい。

腐るのを覚悟して、なぜ心柱だけ地中に落とし込んだのか？

《心柱は伐採されてから八十年近くも経っていた――》

落としてならないのは近年浮上した、心柱の伐採年をめぐる謎です。先に紹介した年輪年代測定法にもとづく二〇〇四年のデータによれば、塔二層目の軒下《のきした》に使われていた材の伐採が六七三年ですが、じつは心柱に使われたヒノキの伐採年が同じ方法によりすでに測定されており、五九四年という結果を得ています。

心柱と他の材の伐採年に七九年という大きな差が生じます。

これをどう受け止め、どう解釈するか？

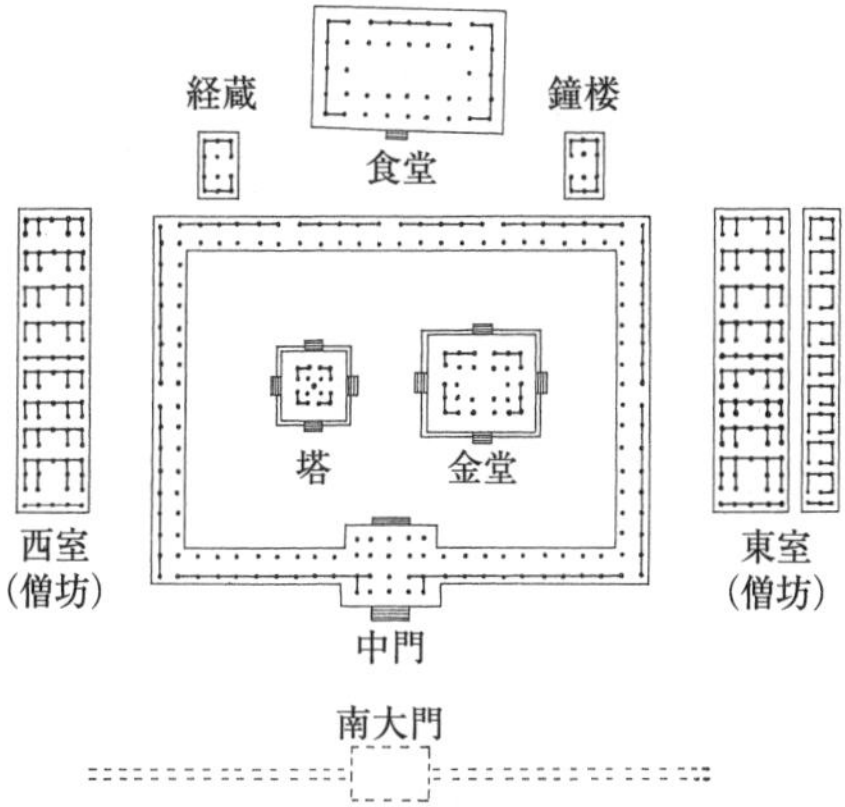

法隆寺西院伽藍／配置復元図（『奈良六大寺大観一』岩波書店）

《法隆寺の建物配置は日本で生まれた？》

建物の配置にも大きな謎があります。

法隆寺では形もヴォリュームも高さも違う塔と金堂が、ヨコに二つ並んでいる。左右非対称で真ん中が空いているこの配置はユニークです。

仏教寺院建築は大陸から朝鮮半島経由で列島に

入ってきたのですが、大陸にこのような配置は見いだされていません。

法隆寺の建物配置は大陸から入ってきたのか、それとも列島で生まれたのか。日本文化の根幹に関わる問題としてこれも議論の的となってきました。

†謎解きがはじまる

謎解きはスリリングです。しかし単なる謎解きに終始することなく、読者の方たちと共有できる価値、あるいは真実ともいえるものを探り当てたいと思います。

法隆寺という建築にまつわる謎ですから、空間に関わる出来事です。しかし今みただけでも、これらの謎は時の経過のなかで発生したことがわかります。つまり、すぐれて歴史に関わる問題です。そこでなされた人間の営みの積み重なりが謎をよぶのです。きわめて人間くさい謎でもあります。

法隆寺は信仰の対象であるにとどまらず、つねに議論の的となってきました。謎が謎を生み自己増殖してゆく面もあります。法隆寺に謎を見いだすのは、法隆寺に大きな価値と魅力を感じているからこそです。それだけ法隆寺は、わたしたちにとって大切な存在なのであり、ここに日本の文化の原点がひそんでいることをだれしも感じ取ってきたのです。

今まで見えてなかった法隆寺の本当の姿、本当の意味、本当の価値に到達することを期待して、それでは境内を歩きながら謎を解きほぐしてゆくことにいたしましょう。

第一章 法隆寺をめぐる

法隆寺金堂の内部。上昇性のある釈迦三尊像とそれを包む空間。
（写真/小学館）

1　門前にて

大和は国のまほろば
大和しうるはし

このように歌われた奈良盆地は低い山並に囲まれた、今ではのどかな田園地帯です。こんもりと緑におおわれた古墳が田畑のあいだに散見されますが、道路沿いにスーパーやガソリンスタンドが立ち並び、私鉄ローカル線の駅周辺に住宅地がひろがるさまは一見、どこといって他と変わるところがないように見えます。しいて違いをいえば、瓦屋根の家が多いことぐらいでしょうか。それでいて、どこか懐かしさがこみ上げてくる。

†まほろばの空間

時はとびますがかつて縄文時代の頃、盆地の底は湖でした。やがて北西の一部が決壊し、現在の大阪方面に水が流れ出て、しだいに湖面は下がりますが、飛鳥・奈良時代になってもまだ沼や池、湿地帯がまだらにひろがっていたようです。盆地は南東の隅から北西に向かってゆるい傾斜をなし、それが現在の飛鳥川から大和川への流れとなっていますが、見たところ、一帯は大きく平坦なひろがりです。

六世紀末から七世紀、つまり蘇我馬子《そがのうまこ》や女帝推古《すいこ》、聖徳太子らが主役だった頃は、盆地南東の隅にあたる飛鳥（明日香）が日本列島の中心地でした。くり返される豪族たちの勢力争い、そして皇位継承をめぐる数々の血塗られた悲劇の舞台となりましたが同時に、大陸から入って来た先進文明が一気に花開いた土地でもありました。いま見るのどかな風景からは想像もつかない陰惨な事件が次々と起こるさなか、微かな笑みをたたえる多くの仏像が造られ、壮大な仏教寺院の数々が建てられていきました。

法隆寺は奈良盆地の西側北寄りにあります。大和川が盆地から出てゆくあたりで、生駒山系の南端、矢田丘陵のふもとです。盆地の北東にある奈良市街地からは西南の方角になります。

このあたりは斑鳩《いかるが》の里とよばれますが、なんとも異国風の響きが感じられます。〝まだらばと〟と書いて斑鳩とは現在あまりなじみのない鳥ですが、学名はイカルといい、ツバメやスズメと同類で澄んだ美しい声で鳴くといいます。飛ぶ鳥の明日香といい、斑鳩といい、盆地は鳥たちのさえずりにあふれています。

そして斑鳩から大和川を下れば、四天王寺のある難波にいたる。当時そこは海辺であり、瀬戸内海を経て大陸につづいていました。つまり斑鳩は盆地の外の世界との接続口でもあり、海外情報を得るのに有利な場所でした。

盆地の底をはさんで北西の斑鳩と南東の飛鳥は二十キロほどの距離で対角線上に位置しています。斑鳩に宮殿をもった太子は飛鳥まで行くのに、距離的にみておそらく馬を利用したと思われますが、その道は〝太子道《たいしみち》〟とよばれるようになりました。太子が活躍していた頃、奈良盆地には二十ほどの寺院があったとみられますが、飛鳥と斑鳩にそれぞれ八寺と集中的に分布していました。

青垣《あおがき》なす山並みに囲まれた盆地の底の平らかな土地は当時、飛鳥と斑鳩という二つの焦点をもっていたのです。当時、政治は祭祀や宗教と無縁ではありえず飛鳥はそうした要素を含んだ一大政治センターでしたが、これに対し斑鳩は、行政から一歩距離をおいた外交・宗教センターであったようです。

飛鳥の少し北、それでも盆地の南東部にあたりますが、天《あめ》の香具山《かぐやま》、畝傍山《うねびやま》、耳成山《みみなしやま》からなる大和三山があります。いずれも標高二百メートルにもみたない小さな丘ですが七世紀前半、時の舒明《じょめい》天皇はそのひとつ天の香具山から国見をし、

国原は煙立ちたつ　海原は鷗立ちたつ
うまし国そ　あきづ島　大和の国は

と有名な歌を残しました。中学の頃、陸地なのになんで海原なのかといぶかしく思ったもので

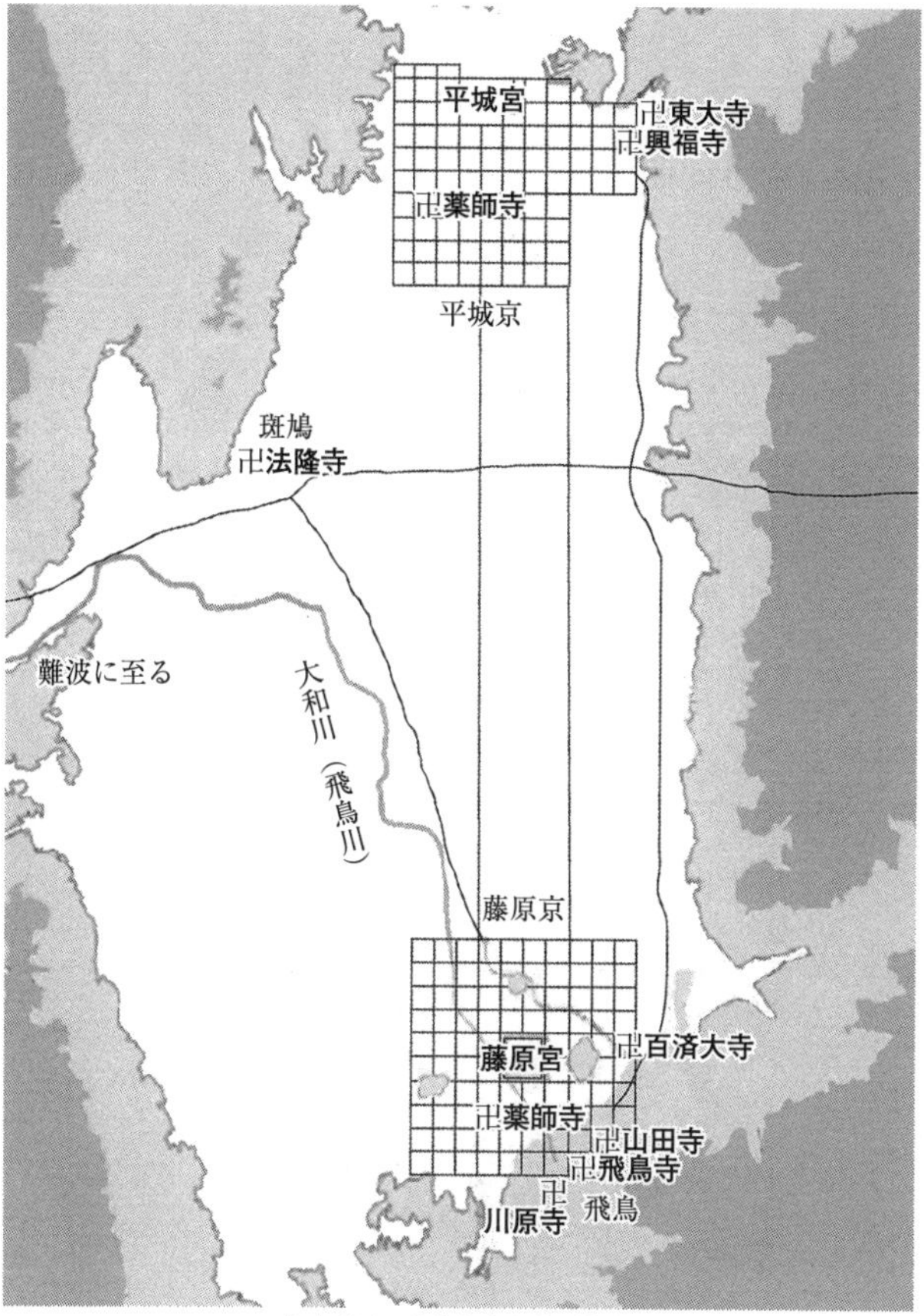

奈良盆地の古代都市と主要伽藍

すが、前述のように縄文時代の湖のなごりだったのです。この頃になりますと、稲作のための溜池がところどころに見られたことでしょう。なお鷗はユリカモメを指します。

聖徳太子につづいて推古女帝が没した後、太子の長男である山背大兄皇子をしりぞけて即位した舒明ですが、かれにとってここは美しい理想郷と映ったのです。

青垣なす丘陵に囲まれた盆地には黄金の稲穂がゆれ、空には何ごともなかったかのように白い雲が流れてゆきます。このような盆地の風光は列島において別にめずらしいものではありません。大和だけではなく、列島各地に見られる盆地の風景は今でも心のふるさとになっているように思われます。

豊かで美しい場所、ひいでた国土を意味する〝まほろば〟という万葉ことばは近年、歌のタイトルになったり、また東北の縄文遺跡が〝北のまほろば〟などと形容されたりするなど現代に復活しています。あたたかく、また懐かしい思いを呼び起こす、すばらしい語の響きと思いますが、まほろばは〝まほらば〟の音がなまったものであるとされます。その意味は〝まほら〟に等しく、〝ま〟は親愛を示す美称、〝ほ〟は含むの意味で〝ら〟は助辞。つまり〝まほろば〟には盆地の包まれた空間イメージがあると直感されます。

†盆地という宇宙

七世紀末、飛鳥から北西に少しずれたところ、奈良盆地全体から見れば南東部ですが、大和三山を内にいだいて碁盤目状の街路をもつ日本初の計画都市が建設されました。藤原京です。そして八世紀初め、わずか十四年後に都はさらに北上し、盆地の突当りにうつった。平城京の誕生です。いずれの京も、三方が山に囲まれ南が開けた土地を理想とする中国の地理思想から影響を受けていますが、平城京の地がよりふさわしいと気づいた結果のようです。

その背景には中国にインドから仏教が入る前からの、中国土着のコスモロジーがありました。コスモロジーとは人びとの想い描く宇宙のすがた、世界の成り立ちのこと。飛鳥から藤原京、平城京と北に向かって遷都をくり返しましたが、北は至高の方位とされ、これらの都市は南北を基軸とするものでした。これから見てゆく仏教寺院のほとんどが北を背にして南面するのも、こうした背景があるとみられます。

しかし、すべて中国流というわけではありません。中国の都市とちがい、藤原京も平城京も城壁に囲まれていません。周囲に開かれていたのです。平城京の南門からは塀が伸びていましたが、それは都市を立派に見せるための演出にすぎず、囲い込まず途中で止まってしまうという代物でした。舞台美術のようなものだったのです。中国におけるほど都市に防御機能が求められなかったわけですが、盆地を囲う山々が城壁に期待される機能を果たしていたともいえます。つまり都市は周囲の自然と隔絶することなく空間は連続していたのです。

また、当時はまだ湿地が多く、藤原京は水はけに大いに問題があったとみられます。コスモロジーからも実際上の問題からも適地を求めて試行錯誤を重ね、遷都がくり返されました。

ここでおもしろいことに気づきます。飛鳥も斑鳩も盆地を囲う山並に寄り添うようにある。また、大和三山がつくる三角形の中に宮を置いた藤原京は飛鳥から少し盆地に進み出たという程度で、なお盆地の南縁に位置していた。次いで、平城京はずうっと北上して盆地の北縁にうつる。このように都市がみな盆地の縁にあるのです。

つまり盆地の中央はつねに空いていた。湿地帯を避けるという面、また防御の機能を山に期待した面もあったでしょうが、それだけではなく、盆地の真ん中を占めるのをはばかる心性もあったのではないかと思われます。ガランとした部屋に入ったひとが端から座っていくのと同じで、そうした性向は今日にまで引き継がれているようです。

このように、日本という国がかたちを整えたのは奈良盆地という、なだらかな山の連なりによって囲まれた、お盆かフライパンのような空間においてでした。この中空の空間に中心はなかったといえるでしょう。

奈良盆地は豊かで美しい空間に包まれていますが、北側の丘陵が低いきらいがありました。その後さらに遷都がなされ平安京となります。周知のように京都もまた典型的な盆地でしたが、まさに三方が山に囲われ南に開かれた理想の地でした。奈良盆地といい京都盆地といい、青垣なす低山に囲われた空間を環境として日本文化の主流が形成され、感性が育まれていったことに注目しておきたいと思います。

†法隆寺へ

法隆寺は聖徳太子ゆかりの寺、そして太子信仰の寺としてひろく知られますが、最初は太子が創建した個人的な寺、つまり私寺でした。法隆寺といえば現在あまりにビッグな存在ですので、ついカン違いしてしまいがちですが、当初から国家の大寺というわけではなかったのです。六七〇年、法隆寺が炎上しました。日本書紀は「一屋モ余ルコト無シ」と伝えています。それは太子が没して四十八年ほど経ってのことでした。

明治以来、再建説と非再建説が互いにゆずらず激しい論争がつづいていたことは序章で紹介しましたが、もう少し説明を加えておきましょう。炎上した法隆寺の跡が昭和十四年、現存する法隆寺の近くから発掘されました。その結果、いま目にする法隆寺は意外にも創建時とは異なる敷地に建ち、異なる建物配置をもっていることがわかりました。

建物の配置は寺院の基本的性格に関わることです。薬師寺などは最初、藤原京に建てられたあと平城京内に移りましたが、敷地は変わっても建物配置はまったく変わることなく踏襲されているのです。

それにくらべて創建時と敷地も建物配置もまったく変えた現在の法隆寺は、新しい構想の下で生まれたと考えられ、その性格を大きく変えた可能性があります。これは法隆寺を考える上で重要なポイントです。序章で述べましたように、本書では実態に即して再建とはいわず新創建ということにします。これによって法隆寺は新生したと考えられるからです。

さて法隆寺には西院《さいいん》伽藍と東院《とういん》伽藍があります。新創建を経た法隆寺とは西院伽藍のことで、金堂、五重塔、中門など主要な建物は七世紀後半から八世紀初めにかけて完成したとみられます。夢殿《ゆめどの》を中心とする東院伽藍の建立はその後、八世紀半ばの天平時代のことです。東院は太子の住まいであった斑鳩宮の跡地に太子をまつる聖域として建てられました。西院、東院とふたつがセットのかたちで法隆寺となったのは平安時代も末でした。

なお伽藍とは僧たちが共同生活をしながら修行する仏教寺院建築群のこと。個々の建物をいう場合もあります。古代インドの言葉、サンガーラーマが僧伽藍摩《そうがらんま》と音訳され、短縮されて伽藍となりました。大陸から仏教が入って来た飛鳥・奈良時代において——本書で大陸というとき、朝鮮半島を含めます——、伽藍とは塔、金堂、講堂、食堂《じきどう》、僧坊、経蔵《きょうぞう》、鐘楼《しょうろう》の七種の建物からなるものでした。合わせて七堂伽藍とよばれます。

塔にはブッダや聖人の遺骨、金堂には本尊の仏像が納められます。なお僧坊は僧たちが共同生活をする場で、僧院、精舎《しょうじゃ》ともいう。平家物語にいう祇園《ぎおん》精舎の精舎です。個々の部屋を指すときは僧房と表記します。本来、伽藍とは出家した僧たちの修行の場であったのですが、今日ではこうした性格が消えています。なお経蔵は経典を納める建物。

これらは列柱回廊をともない、一定のパターンにのっとって配置されました。伽藍配置によって寺院の印象は大きく変わります。そこから多くのことを読み取ることができるわけですが、それが本書のメインテーマにつながっていきます。まずは西院伽藍へ——。

†南大門から中門へ

みやげもの屋が立ち並ぶ松並木の長い参道を進むと、やがて南大門の前に出ます。ここが法隆寺全域の表門にあたります。寺域を限る築地《ついじ》塀《べい》が左右にのび、開け放たれた南大門から西院伽藍の中門が見える。中門とは表門の奥にあって中枢区域への出入口となる門のことです。門の奥に門を見る。吸い込まれるような構図です。

南大門と中門が南北一直線にむすばれている。ここから中門までは一五〇メートルほどあり、かなり遠い。それでも中門が強い焦点となって目をくぎづけにします。南大門が軽く見えてしまうのは重量感あふれた中門の、うむをいわさぬ存在感のなせる業です。

南大門も中門も仏のためとされ、ふだん僧たちは他の門から出入りしていたようです。しかし、まったくひとの出入りがなかったと思い込むのは早計でしょう。時代や状況により、出入りのあり方に変化はあったでしょうが、少なくとも、盛大な催しが行われるときには、訪れた賓客《ひんきゃく》や迎える高僧など、ひとの出入りは当然あったと思われます。

聖徳太子が活躍していたのは推古女帝の時代ですが、日本書紀によれば、宮廷の門を出入りする際には両手を地面につけ、ひざまずくよう定められたといいます。寺の門を通る際も、とても今のようなわけにはいかなかったろう。第一、自分のような庶民は入れてもらえるはずがない、などと思いつつ、気がつけば南大門の敷居を大きくまたいでいる。

当初、南大門はこの位置にはなく、中門のずっと近く、距離にして二五メートルほどのところにあった。したがって今いるこの位置からは、中門より小さい南大門が手前に見え、すぐ背後に中門の大きな屋根、そして五重塔と金堂が見えたはずです。全体に今より込み入った感じだった。南大門が現在の位置にきたのは平安時代中期、十一世紀前半のこと。現存する南大門の建築、これも国宝ですが、さらに下って室町時代のものです。

中門から左右に回廊がのび、その背後に五重塔と金堂の屋根が見える。中門を含め伽藍全体が南に向いています。伽藍は南北を主軸とし南を向く、つまり北に向かって拝む。これが中国発、朝鮮半島経由の伽藍配置の大原則。もっとも、東西軸にのる飛鳥の橘寺《たちばなでら》など、少数ながら例外もありますが。

真ん中の中門と右の金堂は屋根が同じ入母屋《いりもや》造りで、向きもまた同じです。似たものどうしに見えますが、中門は手前にある分、目をひく。一方、回廊の背後、左側にはひとり五重塔が杉か檜の巨木のように立ち、全高三一メートルあまり、典雅な姿を見せています。

しかし、そうした個々の印象を圧倒して巨大な中門の存在感が迫ってくる。その高さ一四メートルあまりで二層の屋根をもち、間口（幅）は一二メートルほど。塔や金堂とのバランスを図るというより、それらを従え、束ね、構図のすべてを仕切っている感すらある。門とはいうものの今日いう門と違い、建築物として独自の存在感をもっている。歩みを進めるごとに中門の陰影が濃くなって立体感が増し、重量感をともなって迫ってきます。日頃抱いている木造建築のイメージをくつがえす力強さです。

法隆寺の中門、塔そして金堂。金堂は右手、松の陰に見える。

中門手前の石段まで来ました。段数にして九段。当初、南大門はこの石段を上ったところにありました。南大門を通過すると、中門がすぐ目の前に出現したはずです。太い柱の列。重く二重に覆いかぶさってくる大屋根。それはおよそ招き入れる感じではなかった。今われわれが体験している、徐々に高まってゆくおだやかなアプローチとはまったく別の、こころの準備を許さない、やや唐突な展開がそこにあった。大陸直輸入の形式がこなれずに生硬なまま、まだ残っていたようです。

†なぜ門の真ん中に柱が——

見上げる中門は左右対称。二層にわたる屋根が大きくかぶさり、その深い軒があたりの空間を包み込む。じつに柱から四メートル近くも出ているのです。

正面に五本の太い円柱が立ち並び、四つの柱間《はしらま》をつくる。二本の柱のあいだを柱間といいますが、大きく口を開けている中央のふたつの柱間はおのおの三・五メートル弱、金剛力士像を納める両端の柱間がおのおの二・五メートル弱と、中央と端部で寸法に違いをつけている。現代建築ですと機械的に均等割りにしてしまうところですが、古代のひとたちのこまやかなで周到な配慮をみることができます。

中門の真ん中に柱が立っている——。あたりの空気をきりりと引き締め、強いインパクトです。門なのに出入りを妨げ、通せんぼうをするかのように真ん中に柱があるとして、長いこと物議をかもしてきた謎の柱です。正確にいえば、ひとつの口の真ん中に柱があるのではなく、門の真ん中に立つ柱の両側に二つの口がある（序章扉、第三章扉）。

脇門ですと、中心に柱が立つことがないわけではない。しかし、中門は何といっても出入りにかかわるメインの門なのです。やはりこれは異例というしかない。

聖域への出入口となる中門は、初め三つの柱間をもつのが定型でした。飛鳥寺《あすかでら》や川原寺《かわらでら》、大阪の四天王寺などがそうです。創建法隆寺も同様であったと推定されます。この場合、中央の柱間を出入口とし、両脇の柱間に仁王像などが納められることが多い。その後、伽藍規模の拡大にともない五つの柱間をもつ中門が出てきます。薬師寺、興福寺、東大寺などです。この場合、中央三つの柱間が出入口となります。

中門ではありませんが、巨大な門といえば誰しも想い浮かべる東大寺南大門も柱間の数は五です。三でも五でも、奇数であれば真ん中に柱が立つことはありません。とにかく門の真ん中は柱ではなく空間が占める、というのが大原則です。柱間の数を偶数の四とすると、必然的に門の真ん中に柱がきてしまうのです。

なぜ、門の真ん中に柱が立っているのか。その意味はいったい何なのか。この最初の謎は法隆寺の境内をひとめぐりした後、挑戦することにします。

2 中門の中で、そして塔と金堂

いよいよ列柱回廊に囲われた聖域の中に入ってゆきます。

†エンタシスの柱

現在、管理上の理由からでしょうか、中門からの出入りは禁止されていますので向かって左手、回廊の西の角にあるかつての通用口から入ることになります。まず中門に進み出ますと太い円柱が密に立ち並んでいて、巨木の森に分け入ったような印象です。円柱の胴体がポッテリとふくらんでいる。専門用語でこれを胴張《どうば》りといいます。粘土が上から重みを受けてふくらんだような感じで、木のやわらかさがじかに伝わってくる。

古代ギリシャの神殿建築になぞらえ、このふくらみをギリシャの建築用語でエンタシスとよんだりします。教科書にもそう出ています。しかしよく見れば、ふたつの柱のふくらみは似て非なるものであることがわかります。ギリシャ神殿は石造で法隆寺は木造という違いがありますが、ギリシャ神殿をよく見ると、その造りから前身は木造であったことがうかがえます。つまり木造の神殿が先にあり、それを律儀に石に置き換えたと見て間違いないのです。ですから材料の違いはさておき、形に限ってみてゆくことにします。

ギリシャ神殿のエンタシスにも時期と地域による差が見られますので一概にいえませんが、代表例としてパルテノン神殿をあげれば、その柱はきりりっと引きしまっています。これに対して法隆寺の柱はふっくらした感が強い。

パルテノンの柱はそれとわかる曲線ではなく、あくまで直線的。ふくらみは微妙で隠し味としてある感じです。親しさというより高貴さがただよう。柱の表面にはフリーズとよばれる縦方向の溝が走り、そこに光と影のコントラストが生じます。それが時々刻々と変化し、乾燥した空気の中でドラマチックな効果をあげています。

パルテノン神殿の柱は端正で高貴、すっくと立つという印象です。法隆寺の柱はなめらかで、霧や靄《もや》のただよう湿った空気に合う感じです。まろやかでずんぐり、ちょっとユーモラスでさえあり——もちろん当時のひとたちはこんな形容はしなかったでしょうが——、親しみがわく。たとえていうとパルテノンの柱が近寄りがたい美人だとすれば、法隆寺の柱はポッチャリ型ということでしょうか。ギリシャ人だったら違うことをいうでしょうが。

東西の文明を比較することは大いに意味がありますが、共通点と相違点を同時に見てゆくことが大切です。法隆寺に見られる胴張りはどこから来たのか、それをいうのは困難であり、ギリシャと特定する根拠があるわけではありません。仮にギリシャだとしても途中、中東、中央アジア、インド、中国などを経ているわけです。中東、インド、中国のあいだは海路もありえます。航路を含め、経路に沿った土地の文化が反映され、集積されているとみるべきでしょう。

またギリシャと似ているから法隆寺はすばらしい、という論調がかねてよりあります。そう習った記憶がありますし、それは今日の教科書でも見られます。これは議論が転倒していますし、自分を見失うことになりかねません。西の文明を基準としてしか自国の文明を語れないのは、いわれなきコンプレックスの産物でしょう。

†祈りの場としての中門

さてこの中門は、門にしてはスペースがたっぷりしています。広いというより、奥行が深い。間口がほぼ一二メートルであるのに対し奥行が八・五メートルほどもあるのです。門にしても建物にしても、古代の伽藍は幅に対し奥行の柱間数が後世より多い傾向にあります。最初の仏教寺院であった飛鳥寺でもそうだったことが発掘の結果、わかっています。重厚さが求められたのでしょう。法隆寺の場合も同じ傾向にあったわけですが、それだけだったのかどうか。この点を心にとめておきましょう。

外から見て中門のヴォリューム感に圧倒されましたが、中に入ってもやはり存在感はただも

法隆寺の中門。二つのゾーンに分ける柱列。

のではなく、ここが単なる出入り口とは思えません。この空間、この場自体が存在を強く主張しています。気になるのは中門の真ん中、伽藍の中軸上にタテつまり奥行方向に連なる四本の柱です。それらが中門の奥行感を増すとともに、中門をきれいに二つのゾーンに分けています。

この軸上にひとが立つことはまず考えられません。いうまでもなく、タテ一列に連なる柱のあいだに立っても視界は太い柱にふさがれ、歩けば柱に当たってしまいます。中軸上にあって視界が開けるのは柱列の一番外側の柱を背にして立つ場合に限られますが、通常そのようなことはしません。

中軸上に柱が連なるということは、そこにひとが立つことを排除し、左右のいずれかに振り分けることになる。聖域への最初の一歩がここから始まったわけです。そして合掌し、ひざまずき、拝む……。

夢殿のある東院伽藍でも当初は西院伽藍と同じく、回廊の南正面に中門がありました。もちろん、中門は聖域への出入口でした。その後、いま見るように中門は礼堂《らいどう》、つまり礼拝のための建物に造り変えられ、西門が出入口となりました。西院との往き来を優先した結果でしょうが、礼堂の前身として中門があったということは、中門自体が礼拝の場でもあったといえるのではないか。もちろん中門は聖域への出入口ですが、ただ通り過ぎるだけのものではなく夢殿に向かって礼拝する場でもあったと考えられます。

中門自体が祈りの場でもあったとすればなおのこと、中門を真ん中で左右二つのゾーンにきれいに分ける四本の柱が気になってきます。ひとは左右のいずれかのゾーンに振り分けられることになりますが、左のゾーンからは左手にある五重塔の方を、右のゾーンからは右手にある金堂の方を向いて拝んだのだろうか。

†回廊の中の浄土

中門から左右に列柱回廊がのびてゆきます。中門の奥行方向に連なる四本の柱は三つの柱間をつくりますが、ここでも柱間は均等ではありません。両端は同じ二・五メートル弱ですが、中央の柱間は三・五メートルあまりと広くなっている。

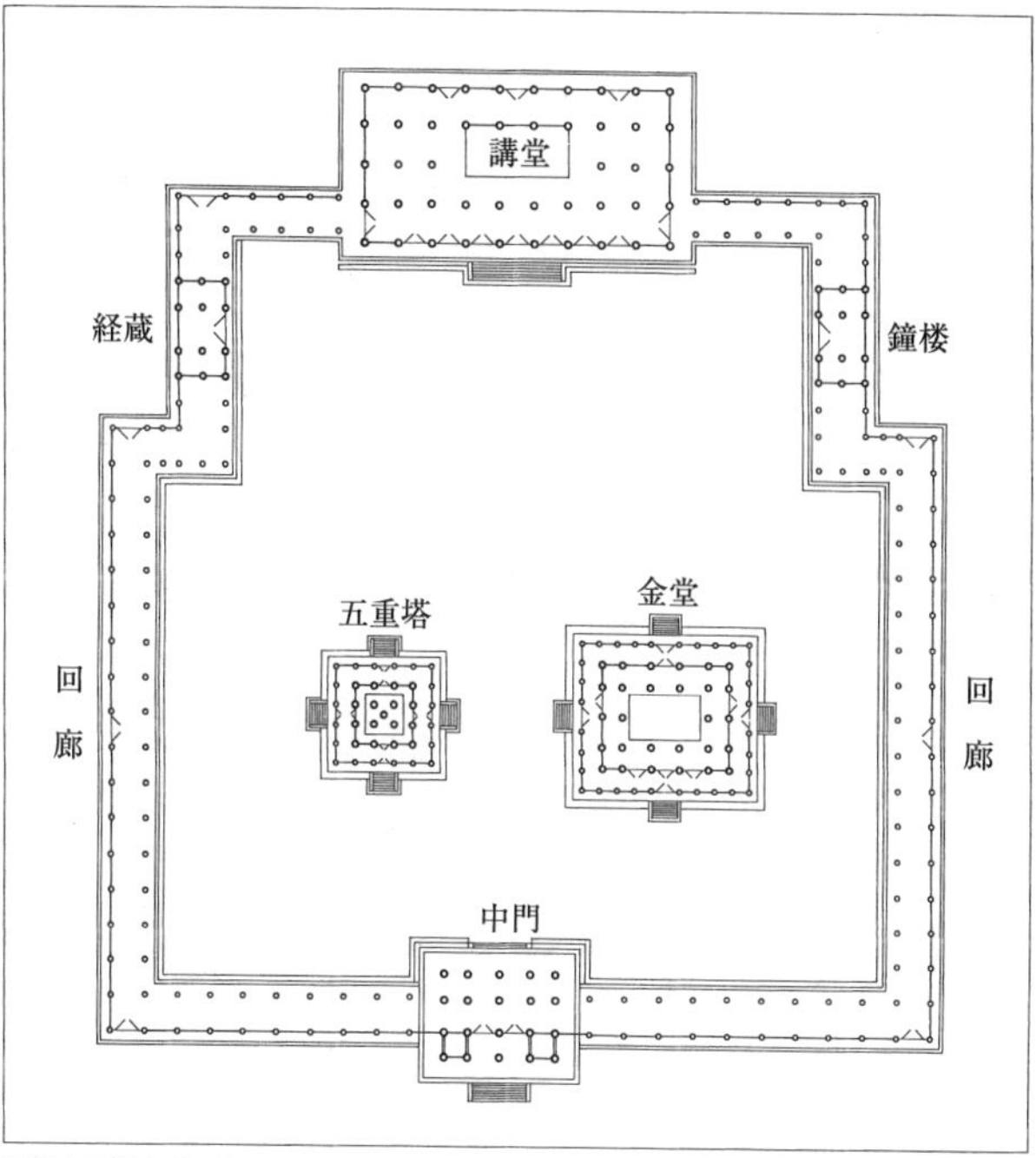

法隆寺西院伽藍／配置現状図（アンリ・ステアリン『世界の建築 下』鈴木博之訳、鹿島出版会）

回廊は読んで字のごとく、回る廊下です。中門は聖域への入口であるとともに、回廊への入口でもあります。中門の奥行方向、中央の柱間が広くなっているのは回廊にスムースに連絡するためです。中門の左ゾーンから出た回廊は五重塔を包むようにめぐり、やがて金堂をも包み込んで中門の右ゾーンに戻る。回廊によって囲い取られたヨコ（幅）が九〇・五メートル、タテ（奥行）が六二メートルほどの空間は、境内でもとくに重要な、法隆寺中枢の聖域です。なお、この寸法は回廊の幅を含めています。

聖域に入ると、じつにすがすがしい気分に誘われます。思わず居ずまいを正さずにいられないような厳粛さといったらいいでしょうか。そこにはすべてを呑み込み透明にしてしまうような静けさがある……。団体客や修学旅行の生徒たちが波のように寄せては去ってゆく、そんな喧騒のくり返しにもゆるがない確かな静寂です。

法隆寺のあたりはもともと白い砂質土壌で、庭は音をすべて吸い取ってしまいそうな一面の白い砂地です。境内に雨だれの穴ができないというのも、まことしやかに言われる法隆寺の謎のひとつになっているようです。降り方の程度にもよりますが、吸水性のよい土壌ゆえということでしょう。現在、庭の一角には梅の木が生えていて、これは江戸時代の絵図にも見られますが当初からのものではないようです。最初は植物などが排除された、今よりもっと抽象的な空間だったはずです。

回廊に囲まれた白砂の聖域。手前に五重塔、右手奥が金堂。左手奥に講堂が見える。

しかし周囲の自然と隔絶していたわけではありません。列柱回廊の外壁側には大々的に連子《れんじ》窓が採り入れられている。連子とは細かい縦格子のことです。これには風と光と視線をなかば遮り、かつ透過させるという高等な働きがあります。回廊の床には連子がもたらす光と影の細かいパターンが映し出されます（第二章扉）。

連子はさわやかな風を運び、周囲にひろがる松林の深い緑が白い庭に沁み込んできます。この静けさのなかに、当時二十代後半であった和辻哲郎は響きを感じたといいます。

「あの中門の内側へ歩み入って、金堂と塔と歩廊とを一目にながめた瞬間に、サアァッというような、非常に透明な一種の音響のようなものを感じます。……そのサアァッという透明な響きのようなものの記憶表象には、必ずあの建物の古びた朱の色と無数の櫺子《れんじ》との記憶表象が、非常に鮮明な姿で固く結びついているのです。金堂のまわりにも塔のまわりにもまた歩廊全体にも、古び黒ずんだ菱角《りょうかく》の櫺子は、整然とした平行直線の姿で、無数に並列しています。歩廊の櫺子窓からは、外の光や樹木の緑が、透かして見えています。」（『古寺巡礼』）

連子の列柱回廊に囲まれたこの白砂の庭は浄土なのだ、とわたしは思います。そこに響きを聞き取ったのは鋭敏な神経をもつ、ごく限られた人間にのみ可能な日常感覚を超えた出来事かと思われます。しかしその一方で、あらかじめ、ひとの側に感応するものがあってこそ、こうした事態が生まれるのだと思われます。それは浄土の観念、白い浄土のイメージではないか。限りなく透明に近い白い浄土の中、塔と金堂が静かに二つ並び立つ……。浄土とは仏教が想い描く理想の世界ですが、すぐに思いつくのは西方にある極楽浄土でしょう。浄土経典をひらけば、それは日没の金色《こんじき》のイメージに彩られています。さまざまな宝石のちりばめられた、きらびやかな極彩色の世界です。

しかしここでわたしがいいたいのは込み入った教義をはなれ、この列島に住む人びとがごく普通に抱く、ただ清らかな世界としてある浄土のイメージです。それは仏教をはなれても存在しうる、すがすがしく、さわやかな日本に特有の聖なる空間です。

たとえばこの日本列島で浄土ヶ浜、極楽ヶ浜とよばれたりする景勝地には、それは見事な白い浜がひろがっています。それらを見るにつけ、列島において浄土とは白く透明な世界としてイメージされてきたように思われるのです。法隆寺の白い庭はそのはしりではないか。そういえば夕日のかなた、金色の極楽浄土を表す京都は宇治の平等院鳳凰堂《ほうおうどう》でさえ、白い州浜《すはま》の上にあります。そしてわたしの連想は伊勢神宮の白石の敷き詰められた聖域（終章扉）、天皇の御在所であった京都御所の白砂の庭にまで及んでしまいます。

†塔と金堂、そして裳階の謎

塔と金堂の南正面（中門側）には、礼拝にちょうどいい位置に石が埋め込まれています。ここで歩みを止め、ひざまずき、地に伏して拝んだのです。こうして塔や金堂を見上げると、屋根は軒裏を見せて大きく張り出し頭上にかぶってくる。軒の出は一層目が一番大きいのですが、裳階《もこし》といわれる下屋がありますので軒下に入った実感がうすい。そこで二番目に大きい二層目の軒の出を見ますと、それでも三メートルあまりもあります。

軒裏の造りを簡単に説明しておきましょう。屋根をのせる斜めの材を垂木《たるき》といい、これを力肘木《ちからひじき》という水平材が支えます。力肘木を支えるもうひとつの肘木が下段にあり、二つのあいだに斗《ます》とよばれる材が挿入されます。通常マス酒のマスのような形をしているのですが、法隆寺では斗が肘木とひとつづきになって雲の形をつくっている。雲斗《くもと》雲肘木《くもひじき》とよばれます。

五重塔。軒下の雲肘木（写真／小学館）

建築部材が雲を表現している。こうしたところがひどく美術工芸的です。雲に支えられる屋根。不思議な感覚です。すると、屋根も雲なのか。雲が幾重にも重なっている。なんとも楽しい世界です。もくもくとわき上がる雲――。ここにはあきらかに天空への想いが見て取れます。そういえば極限の高地チベットはラサにある王宮には、雲の形をした柱頭をもつ柱がありました。いずれも天空の建築というにふさわしい表現です。

塔、金堂の屋根は空から舞い降りて来た雲でしょうか。塔の中心をつらぬく心柱を、その下に納められた仏舎利《ぶっしゃり》（後述）を、そして金堂の本尊を雲が覆い、包み込みます。同時に、わき上がる雲となって天空へと舞い上がる。この上昇感、運動感がひとのこころを浮き立たせ、そして塔のまわりをめぐる動きが誘い出される。和辻哲郎はみずからの体験をこうふり返ります。

「塔の軒下を、頸が痛くなるほど仰向いたまま、ぐるぐる回って歩く。この漫歩の間にこの塔がいかに美しく動くかを知った。」

（『古寺巡礼』）

こうした体験はもとより美術愛好家の好奇心からであり、祈る行為とは別かもしれません。しかし、たとえば塔の完成を祝う落慶《らっけい》供養の際などには、当時の人びとも見上げながら回って歩いたにちがいないと想像してしまうのです。

さて五重塔と金堂には、共通して見られる外観上の大きな特徴があります。先ほどふれたばかりですが一階の軒下に下屋が取り付き、建物本体のまわりをぐるりと回っています。下屋とは本来の屋根から一段下がったところに取り付いた屋根のこと。他の屋根と違って瓦を載せず、厚い板のままです。軒下スペースに取り付くため、できるだけ屋根を薄くしているわけです。このように建物の周囲に取り付く下屋を伽藍建築では裳階とよびます。

裳階の壁には連子窓がはめこまれ、ここも軽い造りになっている。建物が空気をはらんだハカマを着けているような感じです。先ほど一階といいましたが、じつは正しい言い方ではありません。というのは上の方で階と見えるところには床がなく、二階、三階とはみなしがたいのです。それで塔の場合は下から初重、二重、三重……と数えます。このとき裳階は数に入れません。それで屋根が六つあっても五重塔なのです。金堂は二階建てに見えますが床が張られていません。統一して初層、二層……ということにしましょう。

裳階がもっとも目立つ例として薬師寺の三重塔があります。三重塔の三層すべてに裳階が取り付いて大小、六つの屋根がリズミカルに積み重なり、装飾的なデザイン効果をあげています。凍れる音楽とも評される美しさですが、それも裳階あってこそといえます。

法隆寺では裳階は初層だけに付いています。上層には床がありませんから、ひとが歩くところだけに裳階がある。建物本体の外壁を隠してしまっているので裳階は邪魔だというひともいますが、わたしはこの裳階には本体と対比的な軽やかさがあって悪くない、むしろ好ましいとさえ思います。裳階が建物と大地との接点をつくり出し大地への着地をソフトに演出している。

これらは後世、江戸時代あたりになってから付け加えられたとみられていました。しかし昭和の解体修理の結果、裳階はもっと古くからあったとする見解が有力視されるようになった。本体完成の時点とそう時をおかずに裳階が付いたとみられます。やはり裳階を必要とする切実で具体的な理由があったのでしょう。しかし、なぜ裳階が五重塔や金堂に付いているのか、これも不明とされ謎とされてきました。

(一) 中にある仏像を裳階によって雨などから二重に保護しているとみる説。

(二) 屋根が垂れ下がってきたので補強のため支柱を四隅に立てる必要がでてきた。それが露出したままではみっともない。それで裳階を回して包み隠したという説。

それぞれ一理あります。しかし、原因や理由はひとつとは限りません。建築の設計においては一石二鳥という場合もあれば一石三鳥もめずらしくない。そうなればなるほど、うまい解法となるわけです。複数の要因が重なって裳階が付いたというのが本当のところではないか。

しかし、それらを羅列するだけでは謎の解明に遠い。挙げられた要因のリアリティの軽重が問われるわけです。他を包含できる、より根本的な理由は何なのか。こうした姿勢で臨むとき、従来の説をあえて否定する必要はありません。そうしなければならないのは両立しえない場合だけです。こうしたスタンスで、裳階の付いた根本的な理由は何だったのか、さらに考えてゆくことにします。

3 塔の中で

日頃、塔というものは外から見ることで満足してしまいがちですが、じつは内側も大事です。五重塔の中では中心を背にして東西南北の四面に塑像《そぞう》が配置され、仏教の重要場面が表現されています。塑像とは粘土で造った像です。これらを裳階が取り巻いているのです。つまり裳階は廊下であり、そこを歩くと四つの場面がつぎつぎとスペクタクル風に展開するという、ドラマチックな造りになっています。なお塑像は一度、造り直されたようですが現状を見てゆきます。

四つのシーン

南に向いて、弥勒菩薩《みろくぼさつ》が教えを説く場面があります。ブッダ入滅後、遠い未来に出現しすべてを救済するのが弥勒です。キリスト復活を思わせる弥勒信仰は一説によると、インドはガンジス川中流あたりで興り、中央アジアにひろまった。それが中国大陸、朝鮮半島を経て飛鳥時代に日本に入りました。

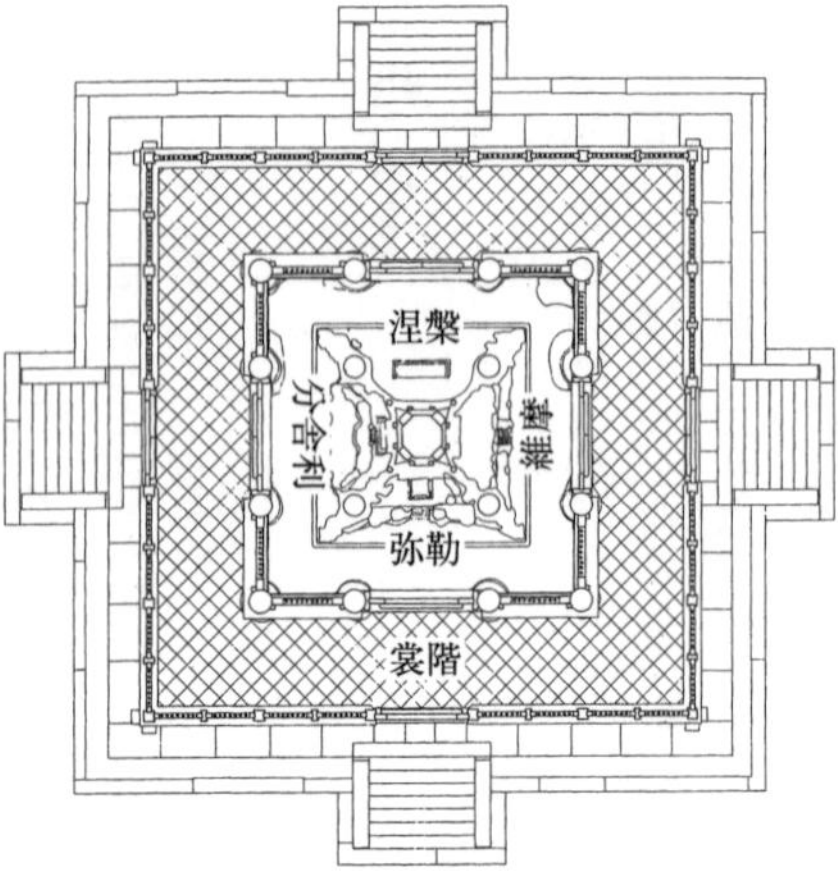

五重塔／平面図（『法隆寺の至宝　昭和資財帳　第1巻』小学館）

伽藍は南を正面としていますので、この弥勒菩薩の場面が塔で一番重視されていることがわかります。この後、金堂の中に入りますが、そこでは本尊の釈迦像に亡き厩戸皇子を重ねています。五重塔においては、未来に現れるという弥勒菩薩に厩戸を重ねているのだと思われます。用明《ようめい》天皇と皇后のあいだに生まれ、仏教に深く帰依し、周囲からひろく敬愛されていた厩戸

五重塔／内部南面。太子の化身としての弥勒菩薩（坂本万七撮影、『奈良の寺 4 法隆寺』岩波書店）

五重塔／内部北面。ブッダ涅槃の場面（坂本万七撮影、『奈良の寺 4 法隆寺』岩波書店）

皇子は、次期後継の最有力候補でありながら病にたおれ、四十九歳の生涯を終えた。没後、崇拝と信仰の対象となり、かれが創建した法隆寺は、徐々に厩戸を追慕するよすがとしての性格をもつようになる。そうした素地があり、やがて法隆寺は厩戸をまつる寺、そして太子信仰の寺へと転生してゆく……。

北面にはブッダ臨終の場面があります。目を閉じて横たわる仏像は涅槃像《ねはんぞう》とよばれます。涅槃とは古代インドの言葉を漢字で音写したもので、欲望がまったく消えた状態をいいます。死はその典型的な相ですが、生きてその境地にあるのが悟りということです。

死期の近いことを悟ったブッダは説法の根拠地としていたインド東部、ガンジス川中流のグリドラクータ——鷲の峰という意味ですが漢訳名として霊鷲山《りょうじゅせん》——を発つ。それは生まれ故郷をめざして北に向かう最後の旅路でした。不運にも途上、食中毒にかかりネパール国境に近いクシーナガルでたおれました。沙羅双樹《さらそうじゅ》の根元、北を枕にして息をひきとったと仏典は伝えます。

しかしこの像は東を頭にしている。クシーナガルにある涅槃像はさすがに北を頭にしていましたが、額面どおりにいかない場合もあるということでしょうか。塔の北面にあるということで一応の納得はいきます。しかし北面にあることの意味はそれだけではありません。北面の涅槃仏と南面の未来仏・弥勒は表裏一体の関係にあります。つまり涅槃仏が未来仏・弥勒として再生するという関係にあるのですが、その弥勒に厩戸が重ね合わされている。

　ブッダは臨終に際し自分をとむらったりするなと諭しますが、弟子たちは最後の教えを守ることができませんでした。遺体は荼毘《だび》――この言葉もインドから来ています――にふされ、大きな塚が残された。葬式をとり行う仏教のルーツはここにあります。やがて地方の部族同士で仏舎利《ぶっしゃり》を奪い合う事態にいたった。舎利とは遺骨のことですが、これもインドの言葉の音を写したものです。仏舎利はブッダの遺骨です。仏典によれば調停の結果、仏舎利は八つに分けられたということです。

五重塔／内部西面。ブッダの舎利を分ける場面。中央に小さな舎利塔が見える（坂本万七撮影、『奈良の寺４　法隆寺』岩波書店）

　西面には、仏舎利が塔に納められたことを表す場面があります。見のがせないのはお棺の手前にある小さな舎利塔です。八角形の屋根をもつので、この後建てられる夢殿の原型かともいわれます。

　東面には、文殊菩薩《もんじゅぼさつ》が維摩《ゆいま》居士《こじ》を訪ね問答をかわす場面があります。維摩居士は出家せず在俗のまま仏教をきわめた、大乗仏教が理想とする人物。その名前から中国人かとつい思いがちですがヴィマラキールティという、れっきとしたインド人です。維摩詰《ゆいまきつ》と音写され、詰が省略されて維摩、在家なので居士をつけます。

維摩は、ネパールに源流をもつガンダキ川がガンジス川に合流する少し手前、今は寒村ですが当時栄えていた第一級の商業都市ヴァイシャーリーに住んでいました。三人寄れば……、のことわざで知られる文殊菩薩と維摩との問答が仏典にあります。その名も維摩経といい、聖徳太子が重要仏典として解説、講義したと伝えられる三経のうちのひとつです。在俗の聖人として維摩居士に厩戸を重ねているのでしょう。

†四つのシーンをめぐる

東西南北の四方を向くこれらの場面は鍾乳洞のような岩窟を背景としています。心柱の根元に巻きつくように造られ、須弥山《しゅみせん》とよばれるようになりました。須弥山とはインドにはじまる仏教コスモロジーの中心にそびえる山ですが、見たところ中国の理想郷である神仙境《しんせんきょう》のような感じがしてしまう。欲望の消えた境地である涅槃と不老不死の夢がかなう神仙境ではつじつまが合いませんが、そうした区別にはこだわらず、須弥山と神仙境が重なっているとみた方が実態とも合うし、気持ちもゆたかになってくる。

四つの場面を次々に拝むとき、ひとは必然的に裳階の中をめぐる。このとき共通の背景である須弥山のまわりを回っています。同時に、その中心に立つ心柱のまわりも回っています（五重塔／平面図、66頁）。

今日では五重塔を外からながめるオブジェと見てしまいますが、その内部にはこのように、あきらかにめぐる行為が想定されています。そういう設計になっているのです。これはインドの祈りの作法に通じています。インドでは塔にかぎらず神像、仏像、寺院など祈りの対象のまわりをぐるぐる回ります。それがインド古来の、ゆるぎない祈りの作法なのです。

そしてこのめぐる通路はプラダクシナー・パタとよばれます。建物の内側の場合もあれば外側の場合もあります。五重塔の足元を巡回路のようにめぐる裳階はまさしくそれ、プラダクシナー・パタなのです。塔のまわりに屋根を差し掛け、連子窓をもつ壁で囲うことにより、悪天候のときでも不都合なく、めぐることができる。裳階はそのための手立てなのであり、内部化されたプラダクシナー・パタにほかなりません。

裳階をこのようにみなすことは、先に紹介した従来の説と矛盾しません。むしろ、それらを包含しうるものです。裳階にプラダクシナー・パタとしての意義が与えられてこそ、それらの説も二鳥目、三鳥目としてリアリティを得ることができるというものです。

4 金堂の中で

†釈迦三尊像の謎

薄暗い金堂の中、大きくふくらんだ深い赤銅色の円柱が林立している。木造とは思えないほど濃厚な空気がただよい、かつて歩いたインドの石窟寺院をほうふつとさせます。法隆寺のなかで胴張り、つまり柱のエンタシスは金堂が一番大きい。これが重厚で安定した雰囲気をもたらしています。一方、塔の柱の胴張りはごくわずかです。

古代寺院においては古いものほど胴張りが大きいといわれます。金堂が先に出来て塔が後ですので、胴張りの違いは造営時期から説明されてきました。金堂と五重塔をくらべれば確かにそうです。しかし、着工は五重塔より後とみられる中門の方が、塔よりはるかに胴張りが大きいのです。垂直性が求められる五重塔で柱のふくらみが小さいのは当然といえます。高い塔の柱がぽってり、コロンとしていたらやはりおかしい。エンタシスは単なる流行だったわけではなく、場合に応じて周到にデザインされていたことがわかります。

金堂の中央、たっぷりふくらんだ十本の太い柱によって区画されたゾーンが本尊を安置する内陣《ないじん》を形成します。ヨコ（間口）八・五メートル、タテ（奥行）五・五メートルと、それほど広くはありません。本尊の釈迦三尊像を中心に東に薬師如来像、西に阿弥陀如来像、そしてそれらを守る四天王像が整然と並んでいます（第一章扉）。

銅製の釈迦三尊像には巨大な光背《こうはい》、つまり仏から放射される光明を表す装飾が付いていますが、その裏面に銘文が刻まれている。要約しますと、

推古二十九年十二月、厩戸の母が亡くなられた。翌年正月、上宮《じょうぐう》法皇（厩戸のこと）も病いに伏せられた。妃と皇子は回復と長寿を願い、かなわない場合は浄土に往生されることを祈って厩戸と等身の釈迦像をつくることにした。しかし二月に厩戸は亡くなられた。癸未《みずのとのひつじ》年《どし》、三月に像は止利《とり》仏師によって完成された――

というものです。厩戸が没した推古三十年は西暦六二二年に当たりますが、像が完成したという癸未年とは何年のことなのか。話の流れとして没後、最初の癸未年と考えるのが自然でしょう。翌年の六二三年がそれに該当しますので、異論はありますがこの年が有力視されています。その時点では厩戸創建の法隆寺は火災にあっていませんから、金堂には本尊が既にあったはずです。それに加えて釈迦三尊像が新たに納められ、ともに火災にあったと考えられることが多かった。

†釈迦像は火をくぐり抜けたのか?

釈迦三尊像が六二三年に制作され、創建法隆寺の金堂に納められていたとすると、六七〇年に火災を受けたことになります。しかし奇妙なことに釈迦像にはその痕跡がまったくないのです。巨大な光背の頂部に折れ曲がった箇所が認められますが、物理的なものであり火災に直接は結びつきません。また、当初からのものとされる高く大きい木製台座にも被災の痕跡が見えないのです。建物が全焼したにしてはよくぞ無事で、と思います。しかしここで胸をなでおろすだけでは、

「火災の際いかにして一丈有余の大銅像を持ち出し得たるか。その建築は戸は小なるに、いかにして出し得たるか。その諸像を視るに火を経たるの痕跡だになし。」

という、岡倉天心はじめ多くのひとが抱く疑問はそのまま残ってしまいます。

序章で紹介しました日本書紀の「大雨フリ雷震ル」という記述から火災の原因を落雷とみた場合、高い五重塔に落ちる確率が高く、金堂に火が回るまでに時間があったとも考えられます。それで無事に搬出できたとする議論もありますが、光背を含めて四〇〇キロあまりもある釈迦像に対してそんなにうまくやれたのだろうかと疑問がわきます。

火急の事態のなか、像本体と光背を分離し——その作業だけでも大変です——、その際、光

背が台座からもんどりうって落下した、光背頂部の折れ曲がりはその時のものと想像をたくましくする見方もありますが、はたしてどうだったでしょうか。

光背の落下事故はあったかもしれません。損傷が認められるのですから、あったと考えるべきでしょう。ただそれが火災時におけるものだったのかどうか。

そういえば東大寺の大仏も、頭部が落下したという大事件がありました。箇所が箇所だけに大騒ぎになり、国をあげての盛大な供養がとり行われたようで、その様子は記録にも残されています。原因は火災ではなく大地震でした。釈迦像光背の落下はこの時に起きた可能性だってある。

仮にこの像が火災にあったとし、その際、搬出が可能だったとしましょう。その場合、焼けた金堂の中、一緒に並んで安置されていたはずの、もとからあった本尊はどうなったのかが問題になります。現・金堂において釈迦三尊像の隣に安置されている薬師像には、これがもとからある本尊だとする銘文があるのですが、この像はどう見ても釈迦像より様式的に新しいのです。

法隆寺所有の文化財を総点検する『昭和資財帳』づくりが昭和五十六年からはじまり、その一環として二つの本尊像の鋳造技法の調査がなされました。その結果、薬師像は釈迦像より新しいことが確認されました。〝もとの本尊〟は新たに造り替えられていたのです。やはり焼失してしまった可能性が高い。

同じ金堂にあった巨大な光背をもつ釈迦像が無事だったのに、それより小さい、つまり搬出しやすいもとの本尊が造り替えられなければならなかったというのは不自然です。まして釈迦像は新参だったはずです。創建時以来の本尊のありがたさは釈迦像に優るとも劣らないはずで、当時の財産目録である『法隆寺資財帳』にも筆頭に記載されています。その本尊をさしおいて、持ち出しきわめて困難な巨大な光背のある釈迦三尊像の方が無事だったとは、やはりオカシイ。もとの本尊が盗難にあったとでもいうなら、話はまた別ですが。

論の前提を疑う必要がある。ポイントは二つ――。

ひとつには、書紀を予見なく素直に読めば、必ずしも雷が火災の原因だといっているわけではないように思われる点です。

「夜半之後《あかつき》ニ法隆寺ニ災《ひつ》ケリ、一屋モ余ルコト無シ、大雨フリ雷震ル。」

とあります。伽藍は一屋も余ること無く燃え尽きた、大雨が降って雷が鳴ったと情景描写をしているにすぎません。じつはこれと同じ表現が書紀の他の箇所にも見られます。蘇我と物部《もののべ》の豪族間の戦闘において物部側最後の将が斬り殺された際にも、「雷鳴り大雨フル」が出てくるのです。この場合、雷や大雨が原因で斬られたわけではないことは誰の目にもあきらかです。状況の激烈さを効果的に盛り上げるための常套句といっていい。法隆寺が焼けたのは雷が原因と思い込むのは深読み、あるいは早トチリではないか。あるいはそう読ませるよう、巧妙にカマをかけているのかもしれません。

なお「一屋モ余ルコト無シ」というのも過剰な表現とみられ、塔や金堂は焼失しましたが、延焼をまぬがれた建物もあったとみられています。

書紀には前年の六六九年冬にも法隆寺に火災があったと伝える記事があります。何かの間違いでダブッたのだろうとか、全焼したというのだからやはり六七〇年の方が正しいのだろうといった議論が支配的でした。これも考え直した方がよい。

六六九年冬に法隆寺に火災が発生した。続いて六七〇年四月に大火災が発生し塔や金堂が焼失した。これらの事実を直視するなら、短期間のうちに起きた一連の火災は、むしろ不審火の可能性があるとみるべきではないか。

二つ目には、火災時に釈迦三尊像は本当に創建法隆寺の金堂の中にあったのかという点です。先にみたように、その可能性はきわめて低い。そして、後ほど第三章でみてゆきますが木材伐採年のデータから、火災の時点で現・金堂が既に完成していた可能性が出てきた。この場合、釈迦三尊像はそこに移されていたと考えられます。逆にいえば、この像が現・金堂に移されていたとみられる点からも、金堂が火災前に完成していた可能性が高くなる。

新創建を進める立場からすると新しい金堂、つまり現・金堂が完成し、本尊として釈迦三尊像を納めたこの際、もはや創建法隆寺は不要となった、もしくは目ざわり、邪魔であった。それが一連の失火騒ぎ、そして創建法隆寺の塔や金堂の焼失につながったとみるのは穿ちすぎでしょうか。この点については終章でさらに考えることにします。

釈迦三尊像についてひとまず整理しておきましょう。火災にあったが無事に搬出されたというのは、まずありえないと判断されます。したがって釈迦三尊像は創建法隆寺の火災とは無縁であった。火災の前、現・金堂の完成にともないここに本尊として納められた可能性が高い。

それでは、それまでこの像はどこに納められていたのか、気になるところです。火災にあっても法隆寺は全焼にまではいたらなかったとし、延焼をまぬがれた建物にこの像が安置されていたとみる説があります。いうまでもなくこの場合でも現・金堂が火災前に完成し、そこに像が移されたとみる余地があり、本書の立場と矛盾するものではありません。

†釈迦像を包む空間

あらためて金堂の空間を見渡す。先ほどいいましたように、さして広くもない内陣に対して天井が約七メートルと高く、この空間は垂直性、上昇性の強い釈迦三尊像にとてもよくマッチしています。光背の銘文には、

「往イテ浄土ニ登リ、早ク妙果ニ昇ラセタマハンコトヲ。」

という箇所があり――先の要約ではふれませんでした――、この願いは像と空間がひとつとなって生みだされた上昇感と見事に一致している。

木製台座は二段になっていて高く、銅製の釈迦像は宙に浮いているかのよう。その巨大な光背は垂直性が強調された意匠になっています。台座にかけられた布は銅で表現されていますが、上方に飛翔してはためく動きを感じさせてユニークです。高い天井の暗がりを見上げれば、天《てん》蓋《がい》が軽やかに懸かって上昇感をやわらかく受け止めている。

この天蓋は後から持統天皇が納めたものですが、それにしても見事な空間のトータルデザインです。それを可能にする造りになっている。金堂の空間はこの釈迦三尊像を納めることを前提として設計されたと思われてきます。

この像は厩戸の死に前後して造られたものですから、その時点ではもちろん、寺の建て替えなど予定されていなかったでしょう。当初、法隆寺は厩戸の私寺として、つまりかれ自身が祈るために創建した寺でした。厩戸の死後、もとからあった本尊に加えて創建法隆寺に厩戸と等身の釈迦像がもたらされた時、法隆寺はこれまでになかった性格を帯びはじめたことになる。法隆寺は私寺であったわけですから一族の先祖をまつるのは当然ですが、釈迦になぞらえるとなると、これは特別のことです。厩戸信仰が法隆寺に刻印されたのです。

そして新創建はこの釈迦像をまさしく本尊に据えたことにより、法隆寺を釈迦としての厩戸をまつる寺に生まれ変わらせたのです。序章でふれましたように、同時に、敷地も伽藍配置も根本的に変わったのでした。それは単なる建て替えなどではなく、法隆寺の新たなスタートでした。

光背の銘文は像が制作された後に刻まれた可能性があるのですが、内容は信用できると思われますのでこれに照らして像を拝見することにいたしましょう。

たいそう面長《おもなが》のように感じられます。厩戸と等身とありますが、写されたのは身体つきだけでなく顔も含めてではなかったかと思われます。夢殿に安置されている救世観音も厩戸の似姿といわれますが、二つの顔には似通ったところがあります。等身ということからも、釈迦に厩戸を重ねていたのはあきらかです。厩戸は、

「世間虚仮《こけ》、唯仏是真《ぜしん》」

と説いたと伝えられています。この世は仮の姿であり、仏の教えだけが真実である、という意味ですが、すべてはうつろう、変わらぬものはないと説いたブッダの言葉と見事に重なる。ブッダ、つまり目覚めた人、悟りを開いた人としての厩戸の誕生です。

金堂では釈迦三尊像を中心に向かって左（西）に阿弥陀如来像が、右（東）に薬師如来像が配されています。先ほど列柱回廊に囲まれた聖域の庭を浄土に見立てましたが、それはわたしたちが直感的にいだく浄土のイメージそのものでした。さらに踏み込みますと浄土にもいろい

ろあり阿弥陀浄土は西に、薬師浄土は東に、と方位も決まっています。これにもとづいて阿弥陀像と薬師像が配置されているのです。

薬師像光背の銘文はこれがもとの本尊だったといいますが、それは造り替えられたものでした。法隆寺創建の頃、薬師信仰はまだ列島に入っていないとみられ、薬師像でなかった可能性が高い。いずれにせよ、新創建において創建以来の法隆寺がいったんリセットされ、新しい構想の下に仏像たちが配置されたと考えられます。厩戸を写し取った釈迦像を中心とする浄土の世界がここに新しく実現されたのです。新生法隆寺の誕生です。

†薬師像が伝える法隆寺の創建年代

先にも述べたように薬師像は釈迦三尊像より新しく、創建時の本尊仏——それは現在確認できません——を装って造られたとみなされます。この像は釈迦像と並んで今なお本尊と位置づけられ、根本本尊とよばれています。その光背に刻まれた銘文は法隆寺創建の由来を伝えていますが、多くの疑念と混乱をよんできました。詳細を省きますが、結論的にいって寺の格を上げようとする作為があったことは否めないようです。

懐疑的な扱いを受けることの多い銘文ですが、寺と像の造られた年代に関しては再検討に値すると思われます。それによれば六〇七年に寺と像を「仕《つか》へ奉《まつ》ル」とあります。この時に完成

601年	厩戸皇子が斑鳩を拠点とすることを決意し、斑鳩宮の造営に着手
605年	厩戸皇子が斑鳩宮に移り住む
607年	厩戸皇子が法隆寺を創建（旧本尊像および金堂完成か）
622年	山背大兄らが釈迦三尊の造像を発願。厩戸皇子が死去
623年	厩戸と等身の釈迦三尊像が完成
643年	斑鳩宮が襲撃され炎上。山背大兄をはじめ厩戸一族が創建法隆寺にて集団自死
660年代	新生法隆寺が構想され、整地、そして現・金堂の工事が進む
669年頃	現・金堂が完成か（→第三章2節）。 厩戸等身の釈迦三尊像が本尊として金堂に納められる
669年	創建法隆寺失火
670年	創建法隆寺の塔と金堂が炎上。旧本尊像も焼失
670年代（?）	薬師像が、焼失した旧本尊像に擬されて制作され、現・金堂内、本尊・釈迦三尊像の隣に安置される

したと読めますが、当時の事情に照らしてみましょう。

法隆寺の創建について日本書紀は何も言及していないのですが、その頃の厩戸の動静に沈黙しているわけではありません。厩戸が飛鳥を脱出して「宮《おお》室《みや》ヲ斑鳩ニ興《た》テタマフ」、つまり斑鳩に拠点を移すと決め斑鳩宮の造営に着手したのが六〇一年二月、宮に移り住んだのが六〇五年十月と伝えています。宮とセットで寺が計画されたとみられますが、寺がいつ着工したのか、はっきりしません。当時はまだ伽藍造営のはしりの段階にあったことからみて、着手は宮の完成後とみるのが自然でしょう。

宮に移り住んだのが六〇五年十月ですから、その頃、寺の造営がはじまったとみられます。となると、六〇七年に金堂や塔など主要伽藍が揃うのはとても無理です。しかし一部が完成していた可能性はある。

当時、塔がもっとも重視されていましたが、わが国初の仏教寺院である飛鳥寺について書紀は金堂から着手されたと伝えています。まず本尊仏を納める必要からでしょう。法隆寺も同様で、金堂が塔に先行したことが発掘結果から判明しています。金堂の着工が六〇五年十月頃であったとし、寺と像を「仕へ奉」ったのが六〇七年の十月以降であったならば、金堂の工期として二年はあったことになる。そうすると金堂が六〇七年に完成していておかしくない。そこに本尊仏が納められた――。寺と像を「仕へ奉ル」とは、そういうことではなかったか。なお創建法隆寺の五重塔は金堂完成後、かなり経ってからとみられます。

†彫刻と壁画による浄土をめぐる

さて内陣の四周を壁が囲い、四つの浄土が描かれています。壁画が描かれたのはいうまでもなく金堂の完成後ですから、後ほど第三章でみますように六六九年頃以降とみられます。釈迦三尊像が六二三年の完成としますとかなり時間の開きがあります。岡倉天心がいっていたような、絵と彫刻の違いを差し引いても残る雰囲気の違いは謎のひとつでしたが、制作年代の差によるとみれば納得できます。

美術史上、釈迦像は七世紀前半の飛鳥様式、壁画は七世紀後半の白鳳《はくほう》様式とされます。しかしそうした違いを超え、像と壁画が一体となって仏国土、つまり理想の仏教空間を表現しています。壁画をともない、新しい構想がここ新生法隆寺金堂に完璧に実現されました。厩戸の写し身である釈迦像を中心とする完全なる浄土——。

壁面に描かれた仏たちは正面から直視されるものではありませんでした。壁画はひとに見られるよりも、仏像を包み込み、ひたすら金堂の空間をショーアップしている。

仏像や壁画を個々に鑑賞するのが今日のやりかたですが、それだけでは本当の意味を見失ってしまう。絵、彫刻、建築がかもしだす空間全体の印象を把握し、それが表現している世界を読み取ることが大事です。

その中を、つまり仏像ゾーンと壁画のあいだを僧たちが列をなしてめぐります。正月に催される儀式を修正会《しゅうしょうえ》といいますが、金堂内に出現した仏像と壁画による浄土の中を、僧たちが守護神の名を唱え、花びらをまき鈴を鳴らしホラ貝を吹きながら練り歩きます。この行事を講堂で行った経験に照らして、高田良信前管長は次のように語ります。

「(講堂は) なんとなくガランとしていて修正会の行法とはマッチせず、きわめて殺風景な感じであった。しかしさすが金堂はその行法にピッタリの空間であり……」

金堂／平面図・壁画レイアウト図（河原由雄による。法隆寺監修『法隆寺金堂壁画』朝日新聞社）

（『法隆寺の謎と秘話』）

空間が仏教の行法に合うように出来ているのです。

四隅のコーナーを効果的に使って壁画がL型に配され、空間を包み込んでいます。このやり方は立体的です。壁画は単に静止して鑑賞するためのものではないことがわかります。そして壁面を分ける開口扉は裳階への出入口となっています。

壁画が描かれているのは金堂本体の壁の内側ですが、外側には幅二メートルあまりの裳階がぐるりと通路状にめぐっている。塔の場合と同じく金堂でも、裳階をめぐることが想定されています。ここでも裳階はプラダクシナー・パタなのです。裳階を一周するとき、仏像と壁画を含む空間ごと、つまり浄土世界の外周を回ることになります。金堂の裳階もほぼ全面的に連子窓になっていて歩みも軽快、このめぐる動きがあって空間はいよいよ生気を帯びてきます。

古代において礼拝は建物の外で行われることが多く、僧が金堂の中に入るについても制限がありました。しかし法隆寺の金堂内で仏事が行われたという、平安時代前期の記録があります。重要な催しに際し、高僧の出入りは当然あったはずと思われます。少なくとも住職が交代する際には金堂の中で儀礼がとり行われていたことは古文書から確認されています。そして何より、めぐる作法がスムーズにいくように建物が出来ています。そういう設計になっているのです。

第二章

めぐる作法／めぐる空間

法隆寺の聖域を囲む列柱回廊。光と影の細やかなパターンが床に浮かぶ。

1　めぐる作法の伝来

めぐるという作法がこの島国に入ってきた当時、どのように受け止められたのだろうか。あるいは、もともとそうした風習が列島にあったのだろうか。そもそも、ひとはなぜめぐるのか。

†朝鮮半島から

韓国の西部に栄えた百済《くだら》の王から飛鳥の朝廷に経典と仏像がもたらされたのは六世紀半ばですが、その百済に仏教をもたらしたのは中国経由で来たインド僧でした。百済にはインドの作法も伝わっていたことでしょう。

経典の内容を身につけるには時間を要します。まずは仏像や伽藍といった目に見えるものから入ったのは自然のなりゆきでしょう。当時、金色に輝く仏像は金人《こんにん》とよばれ、それを納めるお堂が金堂でした。初めて接した人びとにとって仏教は絢爛豪華、度肝を抜く先端文明でした。まず仏像や伽藍を造り、そして祈ることからはじまる。カタチから入ったのであり当然、儀式や作法は欠かせません。ところで、めぐる作法に関連して日本書紀に興味深いエピソードがあ

ります。それは、

百済から帰国した使節が伝えるに、百済軍が新羅《しらぎ》を破って凱旋したとき、馬が金堂のまわりをみずから回り出した。昼夜、回り続けた――

というものです。事の真偽はさておき、こうした逸話があり、記録されること自体、金堂のまわりを回ることの意味が百済と日本で共通に理解されていたことの証しでしょう。そうでなければ凱旋とめぐることが結びつきませんし、ニュースにすらならない。日本書紀では仏像や塔、金堂のまわりを回ることを行道《ぎょうどう》といっています。すでに用語があること自体、書かれた当時この習慣が一般化していたことをもの語っています。書紀の成立は七二〇年ですがその頃、法隆寺では金堂、塔、中門、回廊からなる聖域はすでに完成していたと考えられます。

†インドと日本

今日、行道は次のように説明されています。

――行列をつくって道を歩むこと。敬い拝むために仏像や塔や仏堂を右回りにめぐる古代インドに発する作法。それぞれ繞仏《にょうぶつ》、繞塔、繞堂という。堂内に華をまき、経を唱えながら練り歩くので〝練り〟ともいう。仏堂の縁側をめぐることを〝縁儀〟、仏堂のまわりの庭をめぐることを〝庭儀《ていぎ》〟という。通常、右回りに一周あるいは三周するが、さらに多い場合もある。また左回りとする場合もある。現代の日本でも、たとえば法要や葬儀などさまざまな場面においてこの作法がみられる。(『仏教学辞典』、『岩波仏教辞典』から要約)

左回りの場合が気になります。中国、朝鮮あるいは日本において一部に変化が加わった可能性は考えられます。仏教での基本はあくまで右回りですが、日本では回る向きについてのこだわりはインドにくらべたらはるかに薄いといえるでしょう。あまり堅苦しく考えず、当意即妙に逆の発想をするあたり、日本らしいといえるかもしれません。

めぐること、回ることに願いを託す行為は仏教が伝えられる以前から日本にもあったとみられます。古事記と日本書紀の冒頭、天地創成のくだりで、イザナキとイザナミが天御柱《あめのみはしら》のまわりを左右からめぐって交わる話があります。左右から、というあたり、右回りへのこだわりはみられません。もっとも、ふたりとも右回りだったら交わりがたいか……。

豊饒を願って男女が柱のまわりを回って交わるという性的儀礼がもともとあり、それが反映されているといわれます。類似の説話が東アジアから東南アジアにかけて今も伝承されています。また柱を立て、まわりを回る風習はモンゴル、シベリアなど北方アジアにも見られることが報告されています。こうした風習は仏教伝来以前から東アジア一帯にあったようです。仏教とともにインドのめぐる作法が日本に入って来たとき、これを受け入れる素地がすでにあったといえるでしょう。

前章で法隆寺をめぐり歩き、気づかぬうちにわたしたちはめぐる空間構造の中にいることをみてきました。めぐる、回るという祈りの行為はインドにひろく見られ、めぐる通路つまりプラダクシナー・パタが祈りに輪郭を与えます。そのオリジナルの形をもっともよく示す仏教遺跡がインドにあります。

†塔のはじまり

ブッダはネパールに近い北インドのクシーナガルで死を迎え涅槃の世界に入ってゆきました。クシーナガルにはインド最大級の涅槃像があります。朝の光の射し込むお堂の中、オレンジ色の衣をまとった僧たちの後について、像のまわりを回った思い出があります。法隆寺五重塔の中にもブッダ涅槃の姿が表現されていました。仏典はその時の様子を次のように伝えます（西川隆範訳から抜粋、一部変更）。

沙羅双樹は時ならぬ花を咲かせ、満開となった。

沙羅双樹の白い花は涅槃に入ったブッダを敬い、ブッダに散りかかり、降りそそがれた。天上に咲く曼荼羅華《まんだらげ》の白い花は、虚空より降りて来て、涅槃に入ったブッダを敬い、芳香を放ちつつブッダに散りかかり、降りそそがれた。

ブッダ涅槃の時に一斉に咲いた花、沙羅双樹とは、「沙羅双樹の花の色、盛者必衰の理《ことわり》をあらはす」と平家物語に謳われた、あの沙羅双樹です。この木はインドやネパールに自生し現地でサーラとよばれる。幹がまっすぐに伸び、高いもので三〇メートルを優に超すまでに成長し、白あるいは淡黄色の小さい花がつきます。日本のお寺などでナツツバキを沙羅としているのをよく見かけますが、それは間違い。じつはまったく別の木です。

本題に戻りましょう。わが国最初の本格的な仏教寺院は当時の最有力豪族であった蘇我馬子の飛鳥寺ですが、後に元興寺《がんごうじ》と名を変えます。その『元興寺縁起《えんぎ》』は、わが国初の出家尼僧がブッダ涅槃をしのぶ会の準備にとりかかったところ、お椀に盛られたご飯の上に仏舎利が現れ出た――と伝えます。前章でふれましたように仏舎利はブッダの遺骨。寿司屋でシャリとか銀シャリとかいうのは、米粒を細かく砕かれた舎利と見立てています。今日の感覚からすると異様な感じがしますが、米飯と舎利の関連にはわけがあるようです。ブッダの父親はシュッドーダナ王といい、その意味をとって浄飯王《じょうぼんおう》と漢訳されます。稲作地帯の出だったのでしょう。そんなところから仏舎利と米がむすびついたのかもしれません。

ブッダの死後、部族間で仏舎利を奪い合う事態となり戦闘にまでいたりました。調停者が現れ結局、八つに分けられたといいます。法隆寺五重塔の分舎利の場面がこれでした。

そして仏舎利を納めるストゥーパが八つの地方にそれぞれ建造され、ここから塔の歴史がはじまった。ストゥーパが漢字に写されて卒塔婆《そとば》、短縮されて塔婆、塔と表記されます。塔は仏舎利を納めるためのものでしたが、ブッダの弟子や高僧の舎利を納めるものも後に出現します。今日では塔というと、すごく高い建物つまりタワーを指し、仏教色はきれいに消えていますが、本来は以上のような意味なのです。

その後、仏教に帰依した古代インドの王・アショーカによってさらに分骨がなされ、その数、八万四千の塔が建立された——数については仏伝特有の誇張が含まれていましょうが、とにかく膨大な数だったと思われます。調査の結果、インド各地に及んでいたことがわかっています。この話は多くの人びとの心をゆさぶったとみえ、中国や日本にも伝わりました。滋賀県にある石塔寺《いしどうじ》の塔もそのひとつといい伝えられています。

†インドの塔

塔のはじまりの姿を完璧に今に伝える例として、サーンチーの仏教遺跡群があります。法隆寺に先んじて世界遺産に登録されたその塔は、アショーカ王によって紀元前三世紀に創建され、その後拡大されました。残念ながら〝八万四千〟のひとつではないようです。

サーンチーの塔はインド中央を東西に走る山並みのふもと、緑なす高原の小さな丘の上にあります。それは周囲との標高差九〇メートルほどの、大地のなだらかな盛り上がりです。ゆるい坂を上ってゆくとあっけなく頂上に着いてしまう。

頂上とはいえ平坦にならされた地面に一群の遺跡がひろがっています。石積みの巨大な半球体が、ひときわ目をひきます。全高三〇メートル、半球体を載せる高い円形基壇の直径が三七メートル近くあります。お椀を伏せたようであり、また餡《あん》がぎっしり詰まった饅頭のようにも見える。それを串刺しにして傘の付いた石柱が立っている。これがインドの塔か……。

ゆったりとした空気が流れています。ギリシャ神殿に見るような劇的な神々しさではなく、やさしく包み込むような大らかさです。これがブッダ涅槃の境地というものでしょうか。

前章、五重塔の涅槃像のところでも述べましたが、臨終にあってブッダは、わたしを頼ってはいけない、とむらってもいけない、そんな暇があったら修行に励み、これを完成させよと諭しました。ですから出家僧が塔を造ること自体、教えを破ることでした。ましてやこれを崇拝し、礼拝をくり返すことはさらに背くことであったわけです。

涅槃の境地は色や形で表すことはできないと仏典はいいます。しかし人びとは亡きブッダを慕い、涅槃のシンボルとして塔を建てて遺骨を納め、これを崇拝した。涅槃が目に見え、体感できることを望んだのです。塔への崇拝熱は高まり、出家していない在俗の信者が中心となってインド各地に数多くの塔が建造されていった。最初、僧院の外に単独で建てられていた塔がやがて僧院内にも寄進されるようになり、伽藍が整ってゆく。こうした在俗信仰のうねりとともに大乗仏教が興り、ひろまったとも説明されます。

†塔の形とコスモロジー

さて、塔の形に注目しましょう。不思議といえば、これほど不思議な形もありません。饅頭のような部分、これはアンダとよばれる。卵という意味です。なぜ、卵なのでしょう。

インドの宇宙創成神話によりますと、まず大海に卵が現れ、そこから宇宙が生まれた。ですからこの卵は宇宙卵とよばれます。饅頭に見えたもの、それは原初の海に浮かぶ卵の姿だったのです。インド独特のコスモロジー、宇宙観です。このあたり現代の科学からみるとありえない話と映り、なかなか理解しがたい。

しかしここでバッサリ切り捨ててしまうと、ゆたかな意味まで見失ってしまう。コスモロジーとは人びとが想い描いた宇宙のすがたですから、それをとおして古代の人びとの生きていた世界が見えてくるのです。こうした思考が宗教や芸術などクリエイティブな活動を生み、文化を蓄積してきたのであり、建築、とくに宗教建築においてはコスモロジーが形に明確に反映されます。

現代人は神話的思考をすっかり忘れてしまっていますから、それを取り戻すには時間がかかります。自国の古事記ですら縁遠いのですから、インド神話ではなおさらというもの。神話に馴染むためのとっておきのポイントを二つだけ挙げておきましょう。

形の似ているものは同じとみなす——。

接触しているものはひとつとみなす——。

つまり類似と接触によって物事が関係づけられてゆく。おしなべて論理よりも視覚的イメージが優先されます。そうした目で見てゆけば、古代人の精神世界が少しずつ見えてきます。現代人にとって連想、比喩、あるいは象徴といったものは限定つきの意味しかもたないのが普通ですが、古代人にとっては現実に匹敵する、あるいはそれ以上の重い意味をもつものでした。

別の神話は、大海にスメール山とよばれる巨大な山が出現し、そのまわりに宇宙が形成されたといいます。これもまた壮大なコスモロジーですが、塔はそれも体現しています。つまり土饅頭と見える塔の本体は宇宙の中心にそびえるスメール山でもあるのです。須弥山と音訳されましたが、仏教の専売特許ではなく、卵とともにひろくインドのコスモロジーにおいて中心的な役割を担っています。仏教以前からあったシンボルが仏教モニュメントに入り込んでいるのです。

仏教の宇宙イメージはこのように以前からあったインドのコスモロジーの伝統から生まれたわけですが、中国や日本では総じて須弥山イメージが優勢で、卵は脇に追いやられた感があります。須弥山はすでに見た法隆寺の五重塔、足元の塑像に登場していました——そう見立てられるようになったのはだいぶ後からのようですが。またどのお寺にも本尊仏を安置する須弥壇がありますが、これも須弥山に由来します。インドのコスモロジーが知らず知らずのうちに、わたしたちのまわりに入り込んでいるのです。

次に〝饅頭〟を串刺しにしている柱について見てみましょう。この石柱は〝饅頭〟を貫通して大地に接触しますが、その下に舎利が納められます。柱の頂きにはキノコのように見える円盤状の石の傘が三層かぶっていますが、高貴なひとを強い日射しから守る風習から来たともいわれます。同時に、貴いものの存在を外に向かって精一杯アピールする姿でもあります。ここでもいくつかのイメージが重なっていますが、源泉は樹木との類似に求められます。

インドを旅していると巨樹、巨木をよく目にします。熱帯の大地ならではのスケールと旺盛な生命力を実感させる風景です。大地に根ざして再生をくり返す樹木が賞讃と礼拝の対象となるのは日本もインドも同じです。それは永遠の生命のエッセンスと感じられる大切なシンボルです。舎利を納める柱の下は樹木の根元を連想させます。豊饒の大地に接触する特別な場所なのです。ブッダが悟りを開いたのも菩提樹の幹の根元でした。大地のエネルギーがそこに凝縮しているかのようです。

巨木も天と地をむすんで、まわりに宇宙を形成すると見なされ、〝宇宙樹〟とよばれます。幹は加工され柱となり、柱は〝宇宙軸〟を表します。インドでも日本でも最初、祭のたびに柱を立てていました。それはやがて恒常的なものとなり、村の神社に発展します。今日にまで伝わる日本の代表例として、御柱《おんばしら》で知られる諏訪大社が挙げられますが、宇宙樹から宇宙軸への流れは日本とインドに共通します。

半球体と柱、この二つが組み合わされ、永い時の経過のなかで塔の形が出来上がりました。そこには宇宙卵、須弥山、宇宙軸のイメージが濃厚に投影されており、仏教以前からあったインドのコスモロジーが色濃くただよっています。

†インドの塔をめぐる

サーンチーの塔は創建後に拡大され、いま見る形になったのが紀元前一世紀でした。当初は半分ほどの大きさだったのです。増広《ぞうこう》と呼ばれるこの拡大行為は功徳《くどく》を積むことでした。巨大な円形基壇の外周に沿って石の柵がめぐっている。その内側がめぐる通路、プラダクシナー・パタです。プラダクシナーとは右回りを意味し、パタは道のこと。直訳すれば右回りの道です。広くインド社会に根づいた慣習として右が浄、左が不浄ときびしく定まっていますので、必ず自分の右半身を礼拝対象に向けて回ります。したがって右回り、つまり時計回りです。

これは仏教だけでなくヒンドゥー教やジャイナ教などインドに生まれた宗教に共通していま す。仏教が生まれる前からあったインドの習慣なのです。

それでは右回りの道、プラダクシナー・パタのオリジナル版を歩いてみましょう。パタをつくる石の柵には東西南北の四カ所、突出部分があります。そこがエントランスポーチになり、鳥居に似た高い石の門が前面に立っています。門からポーチに踏み込みますと、円形基壇に沿って右手から伸びてきたパタの柵が途切れ、左が空いている。ここから入れという合図です。

インド・サーンチーの塔。柵の内側がプラダクシナー・パタ。

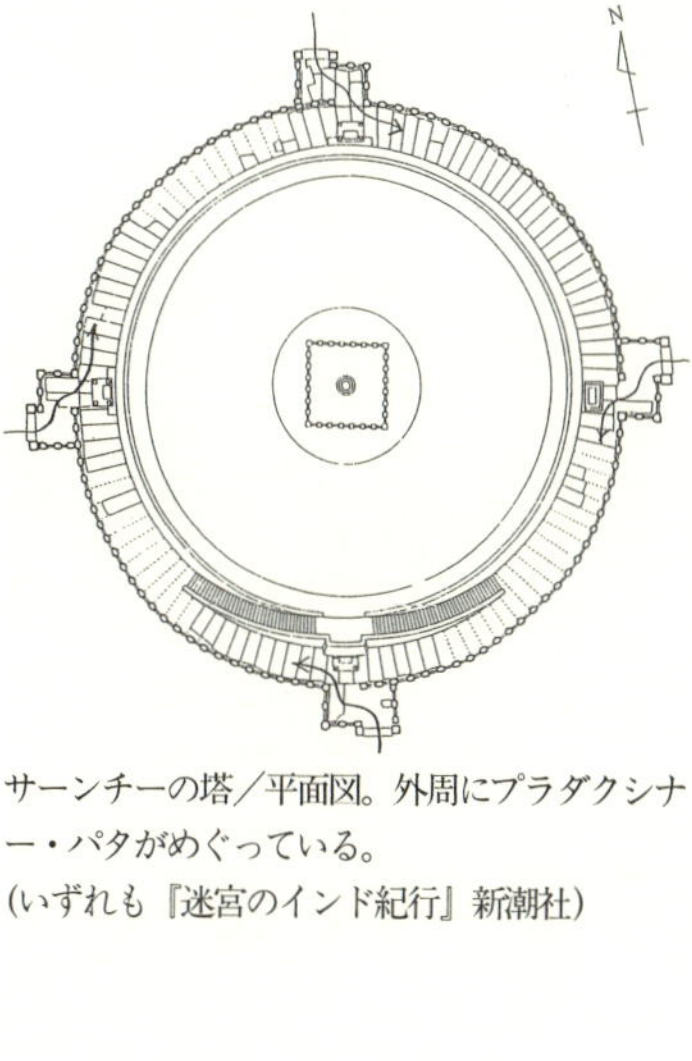

サーンチーの塔／平面図。外周にプラダクシナー・パタがめぐっている。
(いずれも『迷宮のインド紀行』新潮社)

左前方に誘導され、そのままプラダクシナー・パタに入り円形基壇の曲面壁に沿って歩く。気がつけば右肩に塔がある。つまりおのずと右回りに歩いているといった具合です。

ひとめぐりすると目の前に階段がある。それを昇ると基壇の上に到達し、またプラダクシナー・パタがつづいている。つまり地上と基壇上と、このプラダクシナー・パタは二つのレベルにわたっています。また右回りに歩き出す。東西南北にある四つの門の内側、高い所に彫り込まれた仏教の重要場面がここからだとよく見えます。仏舎利争奪戦の場面もあります。本当なら合掌するところですが、争奪戦の場面ではどうも……。

こうして塔のまわりをくり返し回る。周囲に広がる緑の大地は海原のように見え、石の半球体は大海に浮かぶ山のようです。その中心を柱が垂直につらぬき、天と地とがむすばれている。これが宇宙軸です。半球体を回っているとき、ひとは宇宙軸のまわりも回っている。回りつづけているとだんだん方向感覚を失ってきて陶酔の境地に近づき、中心とひとつになってゆく。

サーンチーの塔が造られた頃、仏像をつくることはブッダ生前の教えにより固く禁じられていました。塔を造ることも教えに反することでしたが、偶像禁止はなお守られていたのです。ですからサーンチーでは、ブッダはさまざまなシンボルで表されています。菩提樹はブッダの悟りを、塔は涅槃を、足跡は説法に歩きつづけるブッダを示します。回転する車輪は仏法が広まる様子を伝え、仏教用語で転法輪《てんぽうりん》といいます。円形の塔のまわりをひとが回っている様子は、まさしく回転する車輪と見えます。文字通り法の輪が回っているのです。

礼拝対象を右回りにまわる作法はインドに生まれた宗教において、今なお変わることなく行われています。人口の八割をしめるヒンドゥー教徒たちは、朝も昼も夕刻も毎日欠かすことなく小は神像、大は寺院を、そして広大な大陸の聖地をめぐっています。そうした姿をインドではいたるところで目にすることができ、感動的です（サーンチーの塔については拙著『大仏はなぜこれほど巨大なのか』を参照下さい）。

†ネパールそしてチベットで今

めぐる作法はインドからひろがり、アジア各地で今なおさかんに行われています。ネパールの首都、カトマンズ郊外にあるボードナートは亡命チベット僧たちの居住地ですが、その一角に巨大な——サーンチーよりはるかに大きい——塔が組み込まれています。この塔のまわりを街路がめぐっている。おもしろいことに歩く市民は、みな右回りです。逆方向に歩く人はだれ一人いません。歩行者の一方通行など初めてでした。旋回するエネルギーに圧倒されましたが、いつしかわたしもその輪の中に取り込まれていました。

境内に入ると、塔に向かって手を合わせ、全身を石畳に投げ出してはまた立ち上がる、こうした動作を一心にくり返す人たちがいました。〝五体投地〟という激しい祈りの作法です。一方、半球体の塔に沿い、基壇上を黙々と歩きつづける人たちもいます。五体投地をくり返すこと、塔のまわりをひたすら回りつづけること、ともにエネルギッシュな動きですが、これも敬虔な祈りの作法なのです。〝静〟だけではなく〝動〟の祈りというものがある。先にみたインドのサーンチーの塔でも、かつてこのような光景がくりひろげられていたにちがいありません。

チベットの首都ラサはトゥルナン寺を中心に形成された都市ですが、その外周を街路が二重にめぐり、都市の空間構造をつくっています。いわば、祈りの行為が都市全体に拡大されており、寺のまわりの街路を人びとはつねに右回りに歩く。ここでもわたしは旋回する群衆のエネルギーに巻き込まれました。みやげもの店に忘れ物をし、逆向きに戻ろうとして寄せ来る大波をかき分けかき分け、いぶかしそうな視線を全身に浴びながら走ったことがあった。大いに汗と恥をかいた忘れられない思い出です。

この寺には、唐から妃が輿入《こしい》れした際に持参した釈迦像が本尊としてまつられています。街路を歩くとき、ひとは本尊仏のまわりも回っていることになる。生活のなかでおのずと徳を積んでいるわけです。都市の空間構造がそのように出来ているのです。

2 五重塔と柱信仰

ここで日本の塔をふり返ってみましょう。五重塔がすぐに思い浮かびますが、それだけではありません。多宝塔《たほうとう》という、もうひとつの塔のタイプがあります。これはインドの塔の半球体に和風の屋根をかぶせたものです。意外かもしれませんが日本に現存する塔としては、じつはこの方が多いのです。

滋賀・石山寺多宝塔

†多宝塔

多宝塔にはインドの塔の形がはっきり出ています。インドでアンダつまり卵とよばれた部分は亀腹《かめばら》と名を変えます。曲面を亀の腹と見立てたわけです。このあたり、インドと日本の感覚の違いが見えておもしろい。しかし亀の腹からも卵は出てくるわけですから、当たらずとも遠からず、でしょうか。いずれにしてもナマナマしい印象は共通します。木造には不向きな形ですが職人が無理を押して造り、表面には白い漆喰が塗られます。

屋根がかぶせられたのは、雨から保護するという実際的要求がありました。しかし理由はそれだけではないでしょう。半球体という馴染みのない幾何学的形状が裸のまま風景に露出することへの違和感があったにちがいない。このあたりインドにくらべて日本の隠す体質がよく現れています。この形がインドの塔に由来することを知らなかった学生時代、その異教的、異国的な雰囲気にどこか珍奇なものを感じ、新興宗教のモニュメントかと思い違いをしてしまったものです。そういう経験をおもちの方もいるのではないでしょうか。

多宝塔というこのユニークな塔は、じつは五重塔より後になって日本で生まれたものです。そうよばれる塔は韓国にもありますが、形が違う。平安時代、空海が構想し没後、高野山に実現された大塔《だいとう》が最初とみられていますが、描かれた絵があるだけで建物はのこっていません。現在見る高野山の大塔は鉄筋コンクリート造で、もちろん別物です。多宝塔も大塔も形式は同じですが、正方形平面の一辺に三つの柱間をもつ場合を多宝塔、五つの柱間をもち規模が大きい場合を大塔といいます。

インドのコスモロジーとの関係を知ると不思議なもので、かつて〝まがいもの〟と感じた多宝塔にゆたかさを感じてしまう。意味と感性は切り離せないものなのですね。近江の琵琶湖近くにある石山寺には現存最古、鎌倉時代の多宝塔がありますが、そこには優美な印象さえただよいます。亀腹の露出が抑え気味で日本的感覚に合っているのでしょう。

石山寺の創建には、東大寺の高僧・良弁《ろうべん》が関わったといわれ、その下にインド（イラン？）僧とされる実忠《じっちゅう》がいました。現存多宝塔はインドの塔が日本化された姿といえますが、現存最古とはいえ、この塔の造営時期と石山寺創建時が大きく離れているだけに、関係は不明瞭。ここで注目しておきたいのは、和歌山県は根《ね》来寺《ごろじ》の大塔です。空海が構想した高野山の創建大塔に近いと考えられるからです。

和歌山・根来寺大塔の内部。プラダクシナー・パタがめぐっている。

サーンチーにみたようにインドの塔は石や煉瓦を積み上げたもので、巨大なものでも内部に空間をもちません。これに対して中国、朝鮮、日本の塔は五重塔でも多宝塔でも内部に空間があり、ひとが入って祈りの儀式を行います。先ほど法隆寺五重塔の中に入りましたが、内部にも重要な意味があるのです。そこがインドの塔と大きく違う。

それでは根来寺大塔の中に入ってみましょう。円を描いて木造の壁がめぐっています。直径は一〇メートルあまり。梁も障子も湾曲し、木造としてかなり無理して造っていますが、狙いは単なる表面的なデザインではないとすぐわかります。円は正方形以上にめぐる動きを誘うのです。まずはこの円周壁の外側に沿って歩いてみる。確かに壁沿いに歩むことが想定されていると納得されます。何度も回りながら、サーンチーの塔を思い出しました。

さらに円周壁の内側に入ってみます。中央部に四本の柱が一辺四・五メートルほどの正方形をつくって立ち——四天柱《してんばしら》といいます——、真ん中に大日如来がいます。まわりに何体もの仏像が放射状に配されている。それらを順番に拝んでゆけば、必然的に本尊のまわりをぐるりと一周することになる。そういう設計になっているのです。円周壁の内外に二重のプラダクシナー・パタを内蔵できるのは、大塔のスケールがあってこそです。

†五重塔

インドの塔の半球体を明瞭に残す多宝塔にくらべ、五重塔は中国建築の影響を色濃く残しています。塔の形は中国で大きく変わりました。というより、中国には周囲を展望し風景をめでる多層の楼閣建築がすでに確立しており、これをベースにしたのが中国の塔でした。代用したともいえ、ここに断絶があったとさえいえます。それが日本に入ってきた。重層する屋根は中国の塔からきていますが、軒の出は中国よりかなり大きく、またのびやかです。

中国の塔には木造、煉瓦造、石造のものがありましたが、木造の塔は現在ひとつしかのこっておらず、それも法隆寺五重塔よりずっと後の、十一世紀のもの。中国ではこれが現存最古の木造塔というのが実情です。九世紀なかばに仏教に対して大弾圧が行われ、伽藍が徹底的に破壊されてしまったためです。

唯一のこるその塔は各層に床をもち、上下をつなぐ階段があり、最上層まで上ることができます。立体的なプラダクシナー・パタといえますが、展望塔の性格が濃い。インドでは塔の足元にプラダクシナー・パタがめぐり、基壇の上まで上りますが、さらに上までということはありません。日本でも、メンテナンス用のハシゴは別ですが、塔が載る基壇のレベルより上に参拝者が上ることとは予定されていません。一時期、奈良の興福寺五重塔で観光客に上らせていたとは聞きますが、本来の姿ではありません。

地下に眠る舎利に対しての敬意の表し方が中国と日本であきらかに違います。この点に関して日本は中国と対照的で、感覚的にはむしろインドの方が近い。日本は技術や形式を中国から学びましたが、内容については自身の判断を優先させているとみられ、興味深いところです。

五重塔の中心には柱がすっくと立ち、その下に舎利が納められる。この塔の本質をなす柱が心柱です。法隆寺では心柱の足元が須弥山塑像で埋めつくされ、見えませんでした。ありがたいものとして、あえて隠したのかもしれません。

心柱を囲うように四本の柱が立つ（五重塔／平面図、66頁）。四天柱です。しかし心柱は周囲の四天柱と結合されず、一直線に伸び塔の頂きに達します（法隆寺五重塔のしくみ、31頁）。四周を囲む外壁は心柱を納めるサヤのようなものであり、心柱を大切に保護しているのです。周囲の柱が構造体としての役割を果たします。心柱は支持機能から解放された、不思議な柱なのです。サヤに納まっているわけですから心柱は五重塔の外から見えません。ありがたいものは隠される……。これも日本的なあり方です。実際、重層する屋根は心柱を大切に保護し、飾り立て礼讃しているのです。

心柱の頂き、屋根のてっぺんに金属製の相輪《そうりん》が載ります。九つの輪を串刺しにしている部分を九輪《くりん》といいます。インドの塔にあったキノコ状の傘を想い起こさせます。屋根との接点にお椀を伏せたような小さな金属の半球体が載ります。これがインドの塔の変わり果てた姿で、伏《ふく》鉢《ばち》とよばれます。

下から仰ぎ見ても伏鉢は屋根の軒の出に隠れてまず見えない。塔から離れて相輪を視野に入れても伏鉢は小さいのでなかなか識別できません。高野山、根来寺、石山寺などに見る多宝塔や大塔の見事な亀腹にくらべ、なんという違いでしょうか。じつに対照的です。インドのあの大きな半球体は、はるばる中国そして朝鮮半島を通って日本に来るあいだに変形され、小さくなって五重塔の屋根の上に載ることになりました。

心柱は外からは見えませんが地中から伸び、屋根との接点で相輪とひとつづきになって天を示しています。つまり宇宙軸なのです。塔全体を宇宙樹と見立てるなら心柱が太い幹であり、五重の屋根はゆたかな枝振りです。

前章で重なる屋根をわき上がる雲にたとえました。樹木のたとえは一見、それと矛盾するかもしれない。しかし、いっこうにかまわないのです。ひとの立つ位置や角度、そしてさまざまなイマジネーションに応じて建築は多様に現れてきます。それが建築のゆたかさというもの。建築を合理で割り切ってはならず、建築はひとの生きる意味の世界と一体なのです。

相輪の各部名称

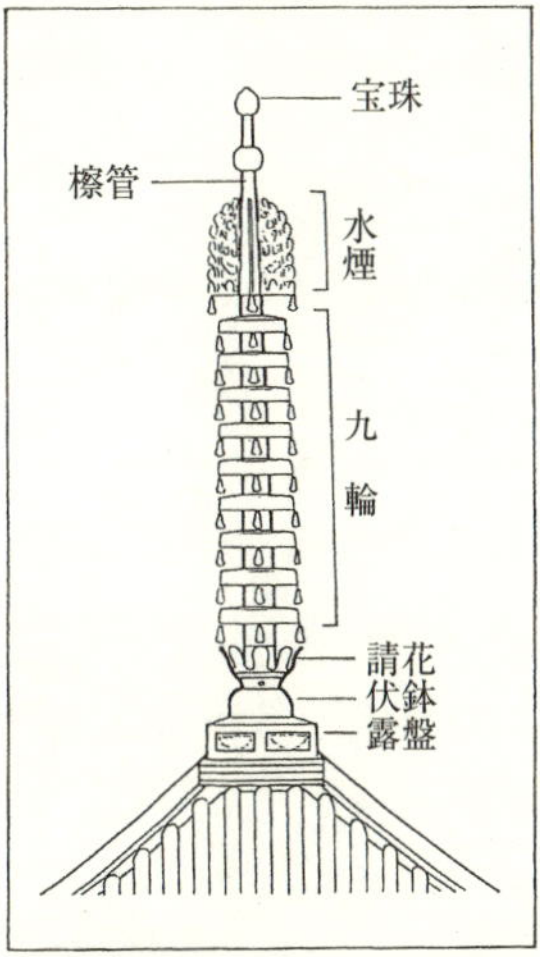

屋根の頂きにのる相輪（濱島正士監修『文化財探訪クラブ3　寺院建築』山川出版社）

中国の塔では心柱の存在が希薄です。現存例においては相輪が倒れないよう、これとひと続きになった垂直材が天井裏にあるだけで、地上には届きません。地上から立ち上がっていた心柱の退化

延暦寺相輪樘。五重塔の心柱が露わになったモニュメント

した姿とみなされます。韓国には木造の塔が近年再建されたものを含め二つあり、国宝の指定を受けているのが法住寺《ポンジュサ》の五重塔です。十七世紀前半と、そう古いものではありません。ここでは心柱が四天柱と固く結合され、構造として一体的な扱いを受けています。

日本で心柱がこのような扱いを受けることはありません。ひとり、すっくと立ち上がり頂部で留められているだけです。畏れ多い心柱に触れることをなるべく避けており、それだけ大事にされているのです。ここに心柱への敬虔な思いを感じ取ることができます。

法隆寺より時代は後になりますが、屋根が取り払われ、心柱と相輪がむき出しになった興味深い例があります。あるいは屋根がかけられる前の状態ともいってもいい。原点回帰の姿といえますが、比叡山延暦寺にある相輪樘《とう》とよばれるものです。今あるのは明治期のもので当初とは異なりますが、創建は九世紀前半といわれています。しかし、さらにさかのぼって、このような形状の、あるいは掘立て柱だけのモニュメントが五重塔に先立ってあったことは十分に想像がつきます。同様の相輪橖が太宰府《だざいふ》天満宮にもあります。

†柱への信仰

そもそもハシラという語は、垂直の関係にある二つのものをむすぶという意味だったといいます。天御柱《あめのみはしら》や心御柱《しんのみはしら》は天と地をむすび、神々は天から柱をつたって地上に降臨するのでした。今日でも神々を一柱《ひとはしら》、二柱《ふたはしら》と数えるように、柱は天から神が降り立つ依《よ》り代《しろ》であり、また御神体ともみなされます。

先にもふれましたが古事記と日本書紀の冒頭、天地創成のくだりには、この世の最初に出来た島に降り立ったイザナキ、イザナミのペアが屹立する岩を天御柱と見立て、そのまわりを左右から回って交わり、子を生み、国を生む場面があります。いのちの誕生とこの世の生成が重ね合わされ、天御柱はその中心にありました。

巨木を伐《き》り、山から曳《ひ》き出し、そして立てる——という祭の行為は今日まで引き継がれています。先にふれた諏訪大社の御柱祭も、その起源は縄文の頃にさかのぼるでしょう。これも柱信仰の証しですが、同様の祭は列島各地で行われていたと考えられます。

日本に仏教が入ってきた頃、仏舎利を納める塔が重視されていました。『元興寺縁起』が伝えるように舎利崇拝の念が強く、塔はそのシンボルだったのです。日本における塔のはじまりについて、日本書紀に興味深い記述が見られます。その大意は、蘇我馬子が大野の丘の北（現・橿原市）に塔を起《た》てて盛大に供養の会を催した。塔の柱頭には舎利が納められていた――。

塔の柱頭という表現からして、ここで塔とよばれているものは、むき出しの掘立て柱だったとみられます。五重塔の中心に立つ心柱のはじまりの姿とみていいでしょう。つづいて書紀は、仏教の導入に反対する物部守屋がこの塔を「斫《き》リ倒シ」たと記しています。こうした表現からも、この塔はやはり柱そのものだった。ものごとの本質がはじまりに宿るとすれば、日本の塔の本質は柱にこそあったといえます。

†法隆寺心柱の謎を解く

法隆寺の五重塔では心柱を立てるのに地表から固い地盤まで深さ一・五メートルほど穴を掘り、底に礎石を据えています。礎石とは柱の下に据える石です。心柱の礎石をとくに心礎《しんそ》といいます。そこに孔があけられ舎利が納められていました。直径九〇センチに近い柱を穴に落し込み、周囲を突き固める。これが心柱となります。縄文時代以来の掘立て柱ですが、下に石を据えたところが新しい（法隆寺五重塔のしくみ、31頁）。わが国最初の伽藍、飛鳥寺においてすでにこのやり方がとられていました。

掘立て柱には土中部分が腐りやすいという難点がありますので、心柱以外の柱には礎石を地上に据えています。心柱だけを掘立てにするのは、特別の意味が込められていたのです。地上からではなく地中から柱が空に向かって伸びるということに樹木信仰をみることができるでしょう。これが柱信仰の原点ですが、こうした例は時代とともに少なくなってゆきます。

法隆寺の心柱はヒノキ材で八角形。材が継ぎ足されて一本の柱となっています。二〇〇一年に奈良文化財研究所によって下の材の伐採年が五九四年と判定されました。二〇〇四年に発表されたデータでは、五重塔二層目の軒下に用いられた材の伐採年が六七三年です。すると七九年もの大きな差が出てきます。心柱以外の柱の伐採年も七世紀後半と判明しています。そうすると五重塔のなかで心柱だけが極端に古い。

これはどういうことなのか。この材だけを八十年ほどもずっと寝かせていたのだろうか。創建法隆寺の金堂は六〇七年に完成したとみられますが、その十三年も前に伐採されていた材が新生法隆寺の塔の心柱に使われている。これも大きな謎です。

創建前から〝新創建〟構想があったとは考えられません。そのためにこの材を存置していたということはないでしょう。ただ意図したものではなく、たまたま寝ていた材があったのを利用したということなら、可能性がないわけでもない。しかしそれは合理的な現代風の考え方であり、当時においてはまず考えられないといっていい。当時の造営事情に照らしますと、個々の工事に応じてその都度、山に入り伐採をしていたようなのです。それは飛鳥寺の造営に当たって日本書紀が「山ニ入リテ寺ノ材《き》ヲ取ル」と伝えていることからもうかがえます。

伽藍造営という、このこと自体が功徳を積む宗教的な行為です。心柱となる木はとくに神聖です。適当な材がたまたま寝ていたから、という便宜的な理由だけで事が運ぶとは考えにくい。それにこの場合、寝ていた期間が八十年ほどもあったことになり、この点も考えがたい。他の寺の塔にあった心柱をなんらかの理由でここにもって来た可能性もないわけではないですが、その場合も単なる再利用という合理的理由だけでなく、信仰上の連続性があっての話でしょう。

それでは八十年ほどの時の経過をどう解釈し、どう埋めたらいいのか。

日本の塔の本質が柱信仰にあったとすれば、すでに信仰の対象になっていた柱が今ある法隆寺五重塔の心柱として据えられた可能性が高いのではないか。創建法隆寺の五重塔の心柱は焼失したとして、以下の二つのケースが考えられます。先に述べましたが他の寺の塔の心柱であった場合と、もうひとつ、屋外に立っていた掘立て柱の場合と。

他の塔にあった場合とは、たとえば塔は焼けるなり破損するなりしたが心柱は残った、あるいは移築した際に心柱をこちらに転用した、そして信仰上の連続性があったというような事情が考えられるでしょう。しかし、これに相当する事例を具体的に指摘するのは困難なようです。

もうひとつの場合ですが、大野の丘に立てられたような塔――それは塔のはじまりの姿を告げる掘立て柱でした――が当時、かなりあったと思われるのです。時代は少しくだりますが日本書紀によれば敏戸晩年の頃、推古女帝の代になりますが、欽明《きんめい》天皇陵に柱を林立させた記事が見えます。もちろん、その柱ということではありませんが、神聖視されていた柱が今ある法隆寺五重塔の心柱として据えられた可能性は十分にあると思われます。

先にみた相輪橖のようなものであったかもしれないし、あるいは柱を保護するため簡単な屋根がかぶっていたかもしれない。その柱に材が継ぎ足され、あらためて五重塔の心柱として据えられたと考えたいのです。事実、創建法隆寺の境内にそのような柱が立っていて、しかも火災の際には延焼をまぬがれていたという見解が近年、主張されています。

なお心柱の伐採年が五九四年であったことから、今ある法隆寺がそのころ造営された、つまり創建時のものだとする説が一部で息をふき返していましたが、他の部材が七世紀後半の伐採であったことから成り立ちがたくなりました。

†心御柱・心柱――伊勢神宮と法隆寺

五重塔の心柱との関係から、伊勢神宮の心御柱を見ておきます。正殿の床下中央に、最高神の降り立つ依り代となる小さな柱がひっそりと立つ――。これが心御柱《しんのみはしら》です。天御柱とも忌柱《いみばしら》ともよばれます。忌むには、見てはならない、語ることもならないという意味と清めるという意味の両方があるようです。

伊勢神宮には内宮《ないくう》と外宮《げくう》がありますが、内宮に関する平安時代初期の記録によれば一二センチ角の短い木の柱で地上に六〇センチほど現れているとあります。外宮ではすべて地中に埋められているともいわれます。心御柱には時代とともに変遷がみられますが、そのありようは秘中の秘とされ、直接奉仕する者のみ知る世界です。

伊勢では二十年に一度、神は新しい宮に移り住みます。これは六九〇年からはじまった制度で、式年遷宮《しきねんせんぐう》といいます。女帝持統の時代に当たりますが、伊勢神宮の現在の形にいたる原形はこの頃からと考えられます。スタートは法隆寺の新創建に少し遅れるものの重なっており、ほぼ同時代とみていいでしょう。

遷宮が終了した後も心御柱は古い敷地、古殿地《こでんち》に残されます。白い石が敷き詰められた空白の聖域の中、小さな覆屋《おおいや》に保護されます。残された心御柱の位置が二十年後に行われる遷宮の際の基準となり、そこからまず正殿の正確な位置が決定され、つづいて他の建物群の位置が決まってゆきます。心御柱から聖域の小宇宙が形成されるのです。

しかし心御柱は極端に短く、その上には正殿の床が張られてしまう。最高神の依り代であり、かつ宇宙軸というべき心御柱が縮小され、しかも上が床で限定されてしまうのは不思議というほかありません。内宮には皇室の祖先神として女神アマテラスがまつられていますが、式年遷

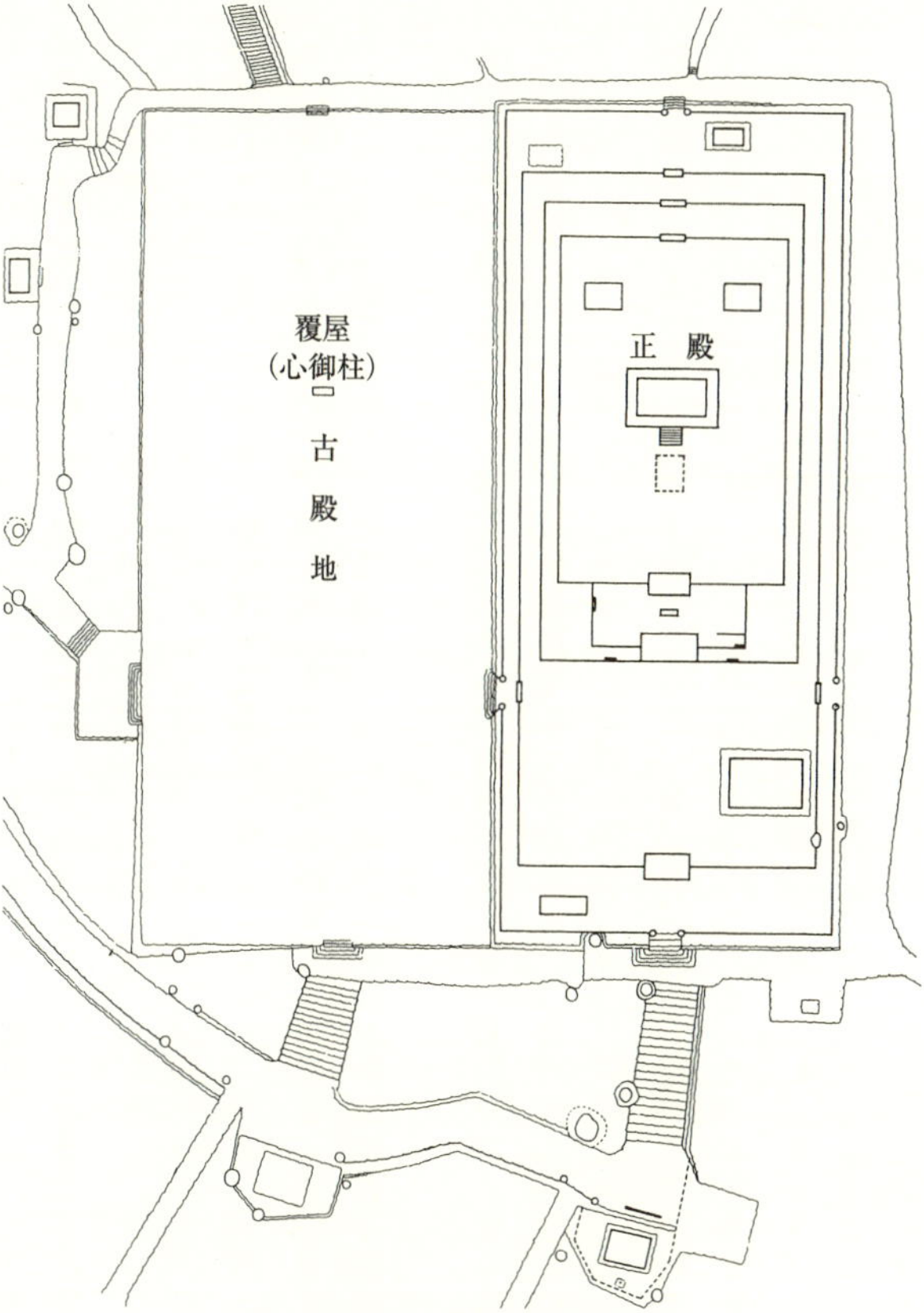

伊勢神宮内宮／配置現状図

宮をはじめた女帝はその化身でしょうか。女神は伊勢の土地神であった男神を支配して降臨したといわれます。とすれば支配を受ける前、心御柱はもっとたくましくそそり立っていたのではないか。

伊勢でも法隆寺でも、ともに仏教伝来以前からある古い信仰を汲み上げています。伊勢の心御柱にくらべ法隆寺五重塔の心柱は床に限定されることなく、一切の束縛から解放されて空の高みに伸びてゆく。そして、インド伝来の相輪に接続し宇宙軸を完成させています。インドの塔と同じく、五重塔も単なる墓ではなかった。いずれの塔も仏教世界を体現しているのは当然のこととして、それだけではなかったのです。

インドにおいては仏教の誕生以前から宇宙卵、宇宙軸の濃密なコスモロジーがあり、それが塔に反映されていた。日本でも仏教が伝来する前から、天御柱や心御柱・心柱に象徴されるような力強い柱への信仰があった。それはすでに列島にあった信仰とみなせるでしょう。さらにその起源をたどるには、先にふれましたが、東アジアに視野をひろげる必要があります。

日本とインド、心柱と相輪——。仏教以前からあったふたつの宇宙軸が五重塔で接続され、そこでインドと日本の天地創成のコスモロジーがつながっているのです。

3 列柱回廊をめぐる

それでは、金堂と五重塔を囲む列柱回廊を歩いてみましょう。

†列柱回廊をめぐる

庭をめぐるときと同様、回廊をめぐるときも必然的に塔と金堂の外周を回っています。そして同時に心柱や須弥山、そして本尊のまわりも——。つまり塔や金堂の内側を回るのも、庭をめぐり回廊をめぐるのも、運動半径が拡大されているだけで、祈ることにかけてはまったく変わりがないのです（五重塔・金堂／平面図、66・85頁、西院伽藍／配置復元図、33頁）。

さて列柱回廊の外周は、裳階と同じく細い縦格子の連子です。これは単にデザインの統一を図っているだけではありません。回廊も裳階もプラダクシナー・パタ、つまりめぐる通路という点で共通です。それがデザインに反映しているのです。

列柱回廊の幅四メートル近い土間の床には光と影の細かいパターンが映し出されます。もちろん連子によるものです。それが聖域全体を包み込み、軽くさわやかなリズムを奏でる。塔と金堂を見上げながら回廊をめぐると、歩行のリズムにあわせ細やかな光と影のリズムの波が斜め前方から止むことなく、くり返し寄せてくる。方丈記にいう、「ゆく河の流れは絶えずしてしかももとの水にあらず」ではありませんが、目に入る連子の流れは絶えずしてしかももとの連子にあらず、といった風情です（第二章扉）。

連子窓は単純な造りでありながら、光と視線をコントロールする高等な働きをもともとっていますが、まなざしが軽快な足どりをともなうとき、さらに表情ゆたかに語りかけてきます。歌いかけてくるといってもいい。裳階、回廊と、めぐる空間に連子窓がこぞって採用されたのはじつに感嘆すべきことと思います。

列柱回廊、これも七堂伽藍とともに大陸から入ってきました。伽藍を見るとき塔や金堂といった個々の建物に目が向きがちですが、回廊がもたらした意味もまた大きかった。回廊には聖域を囲い取るという領域確定の機能とともに、ひとがそこをめぐる歩廊としての機能がありま す。単に区画するだけの柵とは違い、めぐる行為に誘うのです。

列柱回廊の外周は壁の面積を極力少なくし、細い縦格子の連子窓がほぼ全面的に用いられました。大陸のものにくらべ、薄くやわらかく、繊細でおだやかです。内と外とが透過し、聖域は外界と区切られつつ繋がります。聖域はそれと示されればよく、周囲と隔絶されない。明るい光が射し込み、中から外はもちろん、外からでも中の様子がうかがえ風がさわやかに吹き抜けます。大陸伝来の形式を踏まえつつ聖域の囲いを軽く繊細にすることによって、列柱回廊は歩廊としての魅力をグンと増したのです。

列柱回廊は塀と同じであって、ひとがそこを歩くことなどまったくなかったという議論がかつてありました。回廊を歩いても結局、元の位置にもどって来てしまうから、何のために歩くのかわからないなどという。これなど、めぐることが仏教の基本作法であったことをすっかり忘れている証しです。

確かに列柱回廊で聖域を囲うのではなく、土塀で済ませている場合も多い。予算の制約や防犯・防衛上の問題など、それぞれ個別の事情があります。しかし塀で済ませる場合があるからといって、回廊をひとが歩くことはなかったというのは議論が転倒しています。塔や金堂の外側を回ることは回廊があってもなくても行われます。先に述べた庭儀の一環として回廊をめぐったと考えるべきなのです。

仮に、そこを歩くことはなかったとしてみましょう。たとえば四天王寺において列柱回廊は講堂側面の出入口に接続しています。こうしたケースを見れば、回廊をひとが歩くことがなかったなどと、とてもいえない。

もちろん厳粛な聖域であり、今日のように拝観料を払えばだれでも入れるのとは違い、出入りは厳重に管理されていたことは疑いない。寺院への庶民の出入りは一般に平安時代後半から

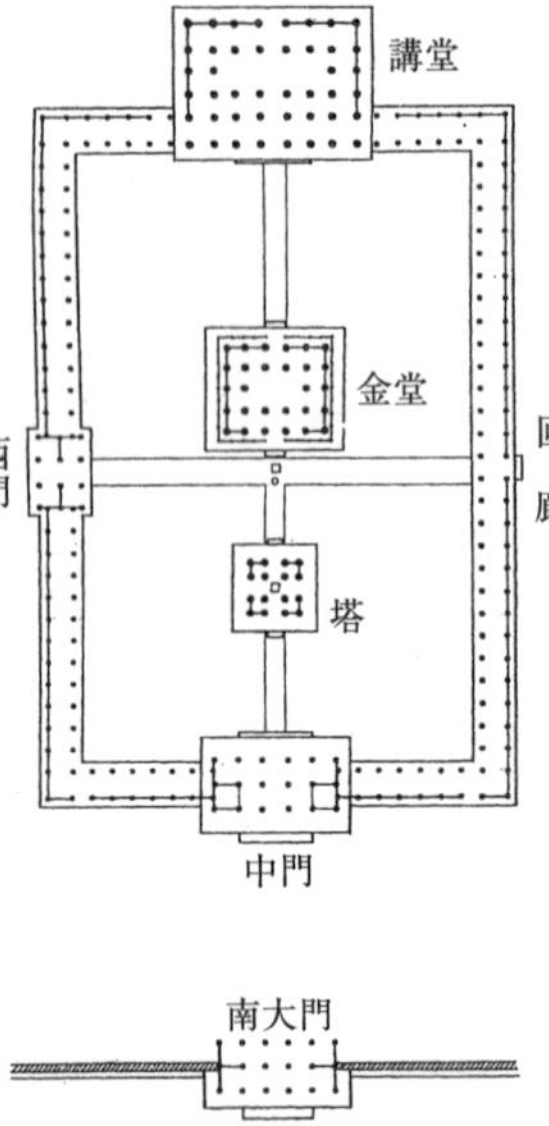

大阪・四天王寺／配置図（沢村仁『日本古代の都城と建築』中央公論美術出版）

といわれています。しかし、だからといって、それまでひとの出入りがまったくなかったと思い込むのは極論というものです。

階級によって、つまり高位のひとと庶民とではまったく違っていたということであり、また行事の性格によってもバリエーションがみられたでしょう。否定的発想からではなく、どのような条件や状況、ルールのもとでめぐり歩いていたのか、また時代による変遷はどのようなものであったのか、それを探る方がはるかにゆたかな実りが期待できるというものです。

†めぐること、そしてさまざまなパフォーマンス

五重塔や金堂の中、本尊のまわりを、塔や金堂の外周を、そして列柱回廊をめぐり歩く。杖を持ち鈴を鳴らしホラ貝を吹きながら……。それだけではなく、聖域で催される行事はさまざ

まだったことでしょう。

たとえば伎楽《ぎがく》――。飛鳥・奈良時代、朝鮮半島を経由して大陸から入ってきた、音楽とともに舞い演じる無言の仮面劇です。厩戸皇子が奨励し盛んになったともいわれています。仮面は伎楽面とよばれ、当時のものが三十点ほど保存されています。制作は七世紀末から八世紀の初めで、法隆寺新創建の年代に当たります。みな異人風で怪奇なものあり、ユーモラスなものありで崑崙《こんろん》、酔胡従《すいこじゅう》、婆羅門《ばらもん》と中国やイラン（ペルシャ）、インドにちなむ名をもつお面が見られます。

落慶供養――つまり竣工式――の際などには、これら伎楽面は大いに活躍したことでしょう。伎楽面をかぶり、伝来の色鮮やかな衣装を身にまとい、行列をつくって練り歩き突然、思い立ったようにおどけた仕草でみなをわかせたり……。にぎやかな、これも伝来の楽曲演奏にのって愉快に、ときに激しく跳んだりはねたり、舞を舞ったり……。活気に満ちた愉快な光景が目に浮かぶようです。そんなとき中門を含め、庭を囲む列柱回廊は絶好の観客席となりました。

めぐる作法は当初から尊重され、さまざまな儀式のなかに採り入れられていたと考えられます。なぜならこれまで見てきたように、建物の内外をひとがめぐることを想定して建物が造られ、めぐる作法にピッタリ対応する空間構造をもっているからです。逆にいえば、こうした空間構造の形成要因として回ること、めぐることがある。そういう設計になっているのです。

いよいよ東院にある夢殿です。

4 夢殿へ

†夢殿

そのロマンチックな呼び名といい、八角形をした屋根といい、さまざまな連想をかき立てる建物です。

それは厩戸皇子が住まいとしていた斑鳩宮の跡地に天平時代の七三九年、聖徳太子の遺徳をしのぶお堂として建てられました。藤原不比等の娘である光明皇后が寄進したものです。聖徳太子が生前、斑鳩宮で夢見の行をしていたという伝承があり、太子信仰の盛り上がりとともにこの建物はいつしか夢殿とよばれるようになりました。

古代人にとって〝夢〟とは今日われわれが考えるものと異なり、聖なるものと交信するための回路でした。身を清め、何日も聖所にこもって瞑想をつづける。そして、その時をじっと待つ。めぐるということに加え、夢見の行にも円や多角形はふさわしいと思われます。歩くこと

夢殿。屋根の頂部も全体の形も五重塔内部西面の小さな舎利塔を想わせる。

も瞑想のうちに呼吸することも、ともにリズムが支配する世界です。想いはめぐり、胡蝶となって舞う……。

本尊は救世《くせ》観音で、仏像にしてはかなりリアルな顔の表現を見せており聖徳太子の似姿といわれます。金堂や五重塔では釈迦や弥勒が本尊として表に出、厩戸つまり聖徳太子は間接的に示されるにとどまっていました。ここ夢殿では、はっきりと聖徳太子が前面に出されています。

明治期の〝お雇い外国人〟で東大教授であったフェノロサは、救世観音について次のように述べています。

「正面から見るとこの像はそう気高くないが、横から見るとこれはギリシアの初期《アアケイック》の美術と同じ高さだという気がする。

……最も美しい形は頭部を横から見た所である。」（和辻哲郎『古寺巡礼』から）

このように側面から見た救世観音を評価しています。また亀井勝一郎は、はじめて拝した時の印象をこう書いています。

「立ちあらわれた救世観音は、くすんだ黄金色の肉体をもった神々《こうごう》しい野人であった。……正面から間近に御顔をみると悟達の静寂さは少く、攪乱するような魔術者の面影が濃い。……しかし側面から眺めると、この原始の肉体は忽ち消え失せて植物性の柔軟な姿に変ってしまう。……原始の肉体に植物の陰翳を与えたところに、神々しい中性が生じたのでもあろうか。礼拝はおそらく側面からするのであろう。」（『大和古寺風物誌』）

正面から、そして側面からと角度を変えて接しています。救世観音として出現している太子の姿にたくましい野性と崇高な気高さの両面を見いだしているのはさすがです。確かに、悠揚迫らぬ面持ちにはただならぬカリスマ性を感じます。しかし、礼拝を側面からに収束させてしまうのはどうしたことでしょうか。

現在は立派な厨子《ずし》――仏像などを納めるためのもので室内に置く――に納まっていますが、初めはなかったともみられ、あってもごく簡素で開放的なものだったと考えられています。救世観音は側面からも正面からも拝んだはずです。もちろん、そのまわりを回りながら……。

夢殿は鎌倉時代にかなり改修の手が加えられましたが、八角形の平面プランなど、基本的な構成は踏襲されています。この建物は八角円堂とよばれます。木造の建物は四角形が基本ですが、その四隅を四五度斜めにカットし円形に近づけたものとして八角形があるわけです。円形に準ずるものと見なされ、八角円堂の意図するところは円です。

八本の柱に囲まれたゾーンが中央部にあり、その中心に救世観音がまつられます。そして八角形ゾーンのまわりを幅一・六メートルの通路状の空間がめぐっている。ふだんはここに座り中心に向かって読経をしますが、毎年正月に行われる修正会ではそこを僧たちがめぐります。そう、本来ここもプラダクシナー・パタなのです。

建物はその外形に合った八角形の石の基壇に載っています。基壇上、外周にも幅一・六メートルの石床のプラダクシナー・パタがめぐっています。

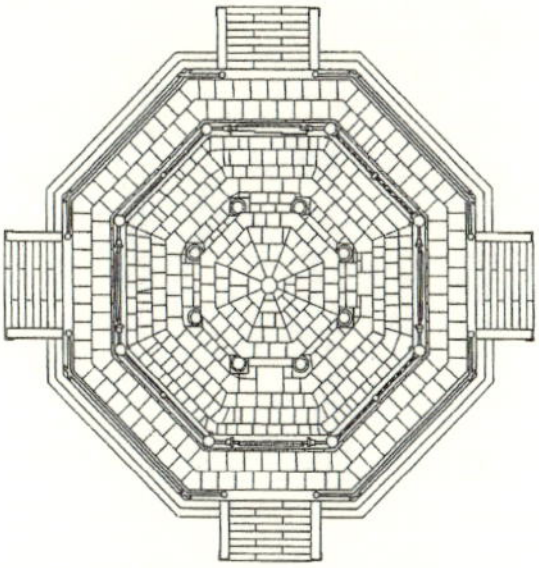
夢殿／平面図（日本建築学会編『日本建築史図集』彰国社）

夢殿は先ほど見た五重塔の初層、西面のシーンにあった八角形の舎利塔を拡大した形ともみられます。見かけはいろいろですが、塔や金堂そして夢殿にみられる通路状の空間は礼拝対象のまわりをめぐるプラダクシナー・パタであり、むしろ夢殿の方が五重塔よりインドの塔に近いとさえいえます（五重塔・金堂・サーンチーの塔／平面図、66・85・99頁）。

5 祈りのカタチ

インドのめぐる通路、プラダクシナー・パタが法隆寺の随所に見いだされました。そこを歩く時、知らないうちに五重塔の心柱や金堂の本尊のまわりを回っていたのでした。そのことは仏教伽藍が建てられた際、めぐる作法も同時に導入されていたことをもの語ります。

†進むこととめぐること

めぐることばかり強調している印象があるとすれば、バランスを欠いてしまいます。いうまでもなく、目標に向かって直進することはもっとも基本的な歩行のパターンです。そして前に進み出て立ち止まり、手を合わせて拝むことは祈りの基本です。それは何かが沁み入る静寂の時です。

これに対し、まわりをめぐるのはきわめて活動的です。歩くというリズミカルな動きを絶えずともなう。汗をかき、心拍数も上がり、やがて方向感覚も失い、時に忘我の境地にいたる……。それは全身を使っての激しい祈りといえるでしょう。祈るという行為にはこうした静と動、ふたつの側面があります。

今日、めぐるという行為が忘れられ、またその意味も見失われつつあるようにわたしにはみえます。かつて、とくに仏教空間において、めぐることはもっと盛んに行われていたはずです。その意味は今、わたしたちが思っている以上に大きかったのではないか。そんな思いに駆られて、めぐることに注目しているわけです。

ところで、神社ではまっすぐ歩み、拝んだ後、きびすを返してそのまま退くというパターンが一般的です。静かな祈りですが、〝お百度まいり〟などになると激しさも加わる。しかしぐるぐる回ることはあまりない、というのが体験的にうなずけるところです。これが長い年月のなかで培われた日本の伝統的慣習であり、感覚に合っているのでしょう。しかし、少数ながら神社でもめぐるケースがみられます。

学問の神様・菅原道真《すがわらのみちざね》公をまつる京都の北野天満宮は平安時代にさかのぼる神社ですが、現在の社殿は江戸時代初期に再興されたもの。室町の頃に描かれた絵図を見ると、境内に多宝塔があります。日本の神もインド伝来の仏も同居していたのです。拝殿の脇から列柱回廊の外に出ると、本殿の外周をぐるりと回れるよう参道がめぐっていて、本殿の真後ろに門まで付いている。

当時の設計図を見ると、本殿内部でも、道真公をまつる内陣のまわりを廊下がめぐっています。仏教のめぐる作法が神社にまで入り込んでいることがわかります。なお序章で法隆寺怨霊説を紹介しましたが、北野天満宮はまさにタタリをおそれて道真公をまつったものです。もっとも、門の真ん中に柱は立っていませんが。

仙台にある大崎八幡宮は江戸時代初めに建てられた国宝指定の神社です。本殿内部、内陣のまわりを廊下がめぐっています。これもインドのプラダクシナー・パタが仏教経由で神社にとり入れられている例です。南無八幡大菩薩……という神と仏の一体化が空間にも反映しているのです。

†仏教のめぐる空間(その一)——東大寺大仏殿

法隆寺以降の例を見てみましょう。奈良は東大寺の主といえばなんといっても巨大な大仏ですが八世紀半ば、その鋳型完成を祝して東大寺で盛大な儀式が行われました。そのときの記録を要約すれば、

夜のとばりの中、数千の僧たちが手に手に灯をともした脂燭《しそく》を掲げ、リズミカルに経文を唱えて仏を讃えながら、完成した鋳型の骨組みのまわりを三度めぐった——。

とあります。やはり、まわりを回っていたのです。なお脂燭とは紙や布をよった上に蠟《ろう》を塗ったものです。

その六年後、いよいよ大仏が完成し、開眼供養がさらに盛大に催されました。その際、大仏の眼に筆を入れたのは菩提僊那《ぼだいせんな》という名をもつ僧でした。彼については先に多宝塔のところでふれましたが、インドから唐を経て日本に入って来た僧です。

ちなみに、東大寺で今も盛大に行われるお水取りの行事をはじめた実忠《じっちゅう》という僧はインドからとも、あるいはイランから来たともいわれます。飛鳥・奈良時代の頃は朝鮮、中国、中央アジア、インド、イランと、現代の目から見ても驚くほど多彩な国際往来がありました。明治の文明開化で日本はヨーロッパの波をどっとかぶりましたが、それに匹敵する、あるいはそれ以上のインパクトを当時、広くアジアから受け取っていたのです。仏教に関心が集まるなか、わけてもオリジナルの仏教をたずさえたインド僧が最大級の歓迎を受けたことは容易に想像がつきます。

さて仏教が伝わって以来、最大の仏教行事だったと伝えられるこの開眼供養には、一万を超える僧が参加したといいます。正装した大勢の貴人や僧たちが大仏のまわりをめぐるさまは、さぞかし壮観だったことでしょう。なおこの時はまだ、聖域を囲う列柱回廊は出来ていませんでした。

中門に立つと、回廊に囲まれた聖域の正面奥に大仏殿（金堂）がありますが、現在、回廊をめぐって大仏殿に入るというルートはとられていません。修学旅行生も観光客もこぞって聖域を突っ切り、大仏殿に直進している。しかし――、大仏殿に入ると暗がりの中、大仏のまわりを大勢の人たちが右回りにぞろぞろと歩いていました。インド伝来のめぐる作法に思いがけず出会い、わたしは感動してしまいました。求心力のある中心があり、まわりにめぐる空間があれば、いわれなくてもひとは自ずとまわりを回るものなのですね。

†仏教のめぐる空間(その二)――東大寺戒壇堂

めぐるという観点から見て、東大寺の戒壇堂《かいだんどう》はおもしろい造りになっています。戒壇とは、戒律を授かって正式の僧となる儀式を行うための場です。壇の起源はインドにあり、屋外に築かれた土壇や石壇でした。戒壇を覆う建物が戒壇堂です。

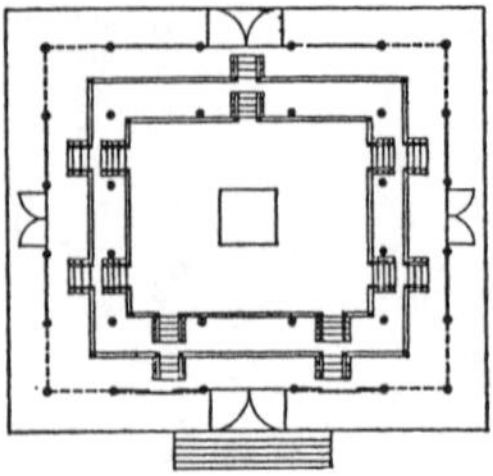

東大寺・戒壇堂／平面図（福山敏男『寺院建築の研究 中』中央公論美術出版）

四角形の木造壇が築かれ、建物に覆われています。当初は正方形でしたが、江戸時代になってややヨコ長に改変され現在に至っています。覆屋は江戸時代に再建されたものですが、壇は見たところ、ずっと新しい。土間から壇上まで至る階段が各辺にあり、その中間レベルで通路が壇の四周をめぐっています。インド伝来のプラダクシナー・パタです。わたしはここをぐるりと一周してみました。インドの塔の円を四角に置き換えれば、この壇になります。形は変わっても、その本質は変わっていません。

塔も壇もマンダラのように中心から全方位にひろがる構造をもっています。じつは壇や塔はマンダラの起源ともいえ、それらは立体的なマンダラとみなすことができます。事実、マンダラはインドの大地に築かれた簡素な土壇からはじまったのであり、壇とはマンダラの漢訳です。つまり一般にマンダラといわれるものは立体マンダラを上から見て図にしたものなのです。

†仏教のめぐる空間(その三)――頭塔

さて東大寺の南大門を出て奈良公園を突っ切り、バス道路をわたったあたりに、見るからにインドっぽい建造物があります。数年前までは土をかぶり古墳のようにしか見えなかったところですが、もとの形に復元されています。頭塔《ずとう》と呼ばれる塔です。土を盛り上げ石組みで固めた塔で、正方形七段と現地案内板では説明されています。

しかしよく見ると、基壇を含めテラス状部分が四段あり、各テラスから石仏を納める層が立ち上がっているというのが実態です。つまり石仏のひとつひとつを拝みながらめぐったとみられるのです。そう、テラス状部分とはまさしくプラダクシナー・パタだったと思われます。とすると、東大寺の戒壇と共通します。これは土塔であるとともに土壇でもあり、まさしく立体マンダラです。

奈良・頭塔。仏像の納められた祠を次々にめぐったと思われる（史跡頭塔保存顕彰会作成パンフレット）

頭塔の建設は七六七年、先ほど出てきた東大寺僧の実忠が行ったという記録がのこっています。すでにふれましたが実忠とは和名であってインドからやって来たともいわれており、土塔・土壇であること、そしてプラダクシナー・パタをもつといったインド的性格とよく符合します。当時は現代のわたしたちが思っているよりはるかに異国色、そしてインド色にあふれていたことは間違いなさそうです。こうした点からも、めぐる作法が今よりさかんであったと考えられます。

仏教のめぐる空間(その四)——新薬師寺・阿弥陀堂・常行堂

同じく奈良にある新薬師寺は、病いに伏した聖武《しょうむ》天皇の回復を祈って光明皇后が建てたといわれます。光明は先ほど見た夢殿の寄進者でもありました。新薬師寺の本堂も、本尊のまわりをめぐり歩くようになっています。直径九メートルあまりの大きな円形土壇が本堂の中央を占め、中心に本尊の薬師如来が座しています。円周に沿って十二体の神将像がずらりと立っていますが、それらはインドの神々が仏教に導入されて守護神となったものです。本尊を拝んだ後、十二体の像を次々に拝していけば、結果的に本尊のまわりをめぐっています。

本尊のまわりを回る作法を示す典型例として、各地に見られる阿弥陀堂があります。阿弥陀仏を囲んで四本の柱――四天柱――が立ち、周囲に通路状の空間、プラダクシナー・パタがめぐります。代表的な阿弥陀堂として宇治の平等院鳳凰堂があります。十円玉に刻印されていますから知らない人はいないでしょう。その中堂――飛鳥・奈良時代に金堂とよんでいたもの――に定朝作の阿弥陀仏がまつられている。

奈良・新薬師寺。円形土壇のまわりをめぐる。

前面にひろがる池の対岸からお顔を拝めるようになっており正面からの視線が意識されていますが、同時に堂内で阿弥陀仏のまわりを回れるようになっています。こうした空間構造は大分県の富《ふ》貴寺《きじ》大堂《おおどう》や京都の法界寺阿弥陀堂でも確かめられました。いずれも国宝です。法界寺の住職の話では、残念なことに現在では阿弥陀仏を回ることはないということでした。

阿弥陀仏のまわりを回りつづけることを常行《じょうぎょう》と

いいます。常行三昧《ざんまい》とは九十日間、一日も休むことなく常に阿弥陀仏を唱え、念じながらそのまわりを回りつづける苦行です。インドから伝わった右回りの作法がベースになって中国で確立され、これが日本に入りました。常行三昧のためのお堂は常行堂とよばれ、比叡山延暦寺が最初です。

†めぐる空間の拡大

めぐることは建造物の中やそのまわりにとどまりません。スケールは拡大され、人びとは聖地や霊場、都市までをも縫い合わせるようにして巡礼します。大地に点在する霊場、聖地を次々にめぐり歩くことは今日でもなお世界の各地でさかんですが、仏教やヒンドゥー教などインドに生まれた宗教では、出発点から到達点まで同じ道を往復するのではなく、次々に聖地をめぐり歩き、ひとつの輪を完成させます。歩いた行程によって領域が閉じられる時、そこはきわだって聖なる世界となります。

雪山《せっせん》ヒマラヤに源を発するガンジス川はインド大平原を北西から東に向かって横断し、やがてベンガル湾に流れ込みます。海に入った水は太陽の熱射を受けて蒸発し、雲となってヒマラヤ山脈に戻り再び雪となる。その雪が融けてまたガンジスの流れとなる。このように聖なる水が循環するコスモロジーのなかにインドの巡礼があります。インドで聖地とは、もともと水辺、水場を意味します。巡礼とは聖なる水を求める旅でもあります。

わたしはガンジス川上流の、ビートルズが瞑想修行をしたことで一躍有名になったリシケーシュから最大の聖地ベナレスまで、ガンジス川に沿ういくつかの名だたる聖地を経めぐりました。いずれの地でもガートとよばれる石の沐浴階段が延々と川沿いにつづき、特別の日でなくとも、ガートには祈りと熱気、沈黙と喧騒が渦巻いています。

大河ガンジスに面する最大の聖地ベナレスには、インド全土から巡礼者たちが途切れることなく訪れます。ガートで身を清めた後、目標とするヒンドゥー教寺院、通称ゴールデン・テンプルに向かいますが、直進するのではなく、右回りに螺旋《らせん》を描くように道をとる。つまり最初は遠巻きに、そして徐々に近づきながら町の中をめぐり歩き、最後に到達して思いを遂げるのです。

ベナレスはまた、インド全土をカバーする壮大な巡礼路ネットワークの重要な結節点です。熱烈なヒンドゥー教徒は生涯のテーマとして、広大な大地に点在するいくつもの聖地を縫い合わせるようにめぐり歩きます。もちろん右回りで——。

今日でも盛んに行われている日本の巡礼の代表的な例として四国遍路、八十八カ所の霊場めぐりがあります。巡礼路は海に囲まれた大きな島の周縁をめぐり、内側に広大な空間領域を抱えています。霊場には一番から八十八番まで右回りに——一部逆流もありますが——番号がついている。ひとは道をめぐり歩くことによって徐々に島の空間を内包してゆき、囲い取りを完成させる。達成感とともに聖なる領域への帰属感、一体感が生まれます。

島は、海に囲まれたひとつの宇宙といえます。あの世とイメージされやすく、霊場めぐりはありがたさを増す。めぐり歩きが完結したとき、系が閉じてあの世が完成し、この世とつながる……。

行程が輪を描いて閉じるとき、ひとは言い知れぬ充足を得る。地上世界をめぐりながらこの世からワープし、また戻るということでしょうか。この世からあの世を経めぐってまた、この世に帰る。めぐることの魔力はワープすることにある。確かに何かが了解されるのです。

第三章

法隆寺は突然変異か

中門の真ん中に立つ柱。左に五重塔、右には金堂が見える。

1 門の真ん中に立つ柱

仏像のまわりを回る。柱のまわりを回る。塔や金堂の内や外を回る。そして列柱回廊を回る。さらには聖地をめぐり歩く——。インドから発し、ひろく仏教世界にひろがった、めぐる祈りの作法。この観点から、法隆寺中門の真ん中に立つ柱をふり返ってみましょう。

柱の両側に、二つの口がある。中門から回廊がのび、聖域を囲う。塔、金堂そして回廊をめぐるとき、中門に二つの口があるのですから、一方の口から入り、もう一方の口から出てくるのが自然です。中門の真ん中に柱があっても、出入りに何の不都合もなかった。

入口と出口が二つ並ぶということ自体、列柱回廊に囲まれた聖域内のひとの動きが循環性をもつことを示唆する。また盛大な催しが開かれ大勢のひとが出入りする際など、交錯を避け、めぐる流れを円滑にする効果もある。めぐる作法に照らして、門の真ん中の柱は出入りをなんら妨げるものではなかったことがわかります。

†従来の説

この柱について、さまざまなことが説かれてきました。「聖人は子孫を継がず」ということを示していると鎌倉時代の法隆寺僧がいっています。出入りを封じるかのような柱に不吉な兆候を嗅ぎとり、聖徳太子一族の血脈が途絶えたことを重ねています。一族の滅亡については終章で詳しく述べます。

これまた同じ僧が伝える説として、二つの口は陰と陽、胎蔵界《たいぞうかい》と金剛界《こんごうかい》を意味するというのもありました。胎蔵界も金剛界も大乗仏教の最終段階といえる密教に属しますが、それらはインドで別々に成立したマンダラであり、時期も地域も異なります。

マンダラについては前章でふれましたが、日本でこの二つをセットにしたのは平安時代に活躍した空海からといってよく、したがって法隆寺新創建よりずっと後のことであり、時期が合わない。宇宙は陰と陽の二極からなるという中国土着の思想は飛鳥時代、すでに仏教とともに日本に入っていましたし、これを二つの口に当てはめることには魅力を感じますが、陰と陽が胎蔵界・金剛界とセットで語られていることからみて、やはりこの説は後から付けた理屈とみられます。

さらにつづけて、二つの口は父と母のためとか、あるいはまた、塔と金堂を左右（西と東）に並べてつくったからそれぞれに対応して二つの口がある、などなど……。これらの説のうち、いくつかは姿を変えて、あるいはほとんどそのままのかたちで現在にまで生き延びています。

明治時代以降の代表的な見解を挙げましょう。

（一）左右に並ぶ五重塔と金堂に対応させて、向かって左の口が五重塔への、右の口が金堂への出入口とみる説（関野貞《ただし》、田村圓澄《えんちょう》など）。

（二）中門の間口は通常、柱間の数が三だが、塔と金堂との規模のバランスを図って四にした結果とみる説（伊東忠太など）。

（三）門の真ん中に立つ柱はひとを選別しているのであり、気高い精神をもつひとだけが中に入れるのだという説（竹山道雄）。

（四）聖徳太子一族を滅亡に追い込んだ勢力が復讐を恐れ、太子の怨霊を封じ込めるために門の真ん中に柱を立て、通せんぼうをしたという説。法隆寺のイメージを覆す大胆な説で、大きなセンセーションを巻き起こしたことは記憶にそう遠くない（梅原猛）。

（五）門の真ん中に柱が立つのは古代中国の正統的な形式であり、それが法隆寺に入ったとする説。左回り（反時計回り）をとる中国の礼儀作法にならって右が入口、左が出口とみる（田中淡）。

（六）現在の法隆寺では中門を入って正面奥に講堂があり、門の真ん中に立つ柱は目障りだが、当初は正面奥に主要な建物がなかった。したがって中門の真ん中に柱があっても別におかしくなかったという説（直木孝次郎）。

（七）当初は正面奥に講堂がなく、形も大きさも異なる塔と金堂が左右に並んでいた。ばらばらになりがちなこの構成を真ん中で引き締めているのが中門であり、そのアクセントになっているのが真ん中の柱だとみる説（上原和《かず》）。

それぞれ示唆にとむものの、いずれも決め手を欠き、定説となるにいたっていないようです。（五）、（六）、（七）の説は（四）の説に対する反論として出されたもの。それだけ（四）の説が強烈なインパクトをもたらしたことがうかがえます。補足しますと、序章で注意を喚起したところですが、現在の法隆寺は当初と回廊のあり方が変わっています。（六）、（七）の説は当初と現状との違いを強調し、もともと問題などなかったという立場です。

ことさらに異を唱える気持ちはありません。裳階についての議論でもいいましたが、できるだけ他の見地を包含し、ゆたかな意味を汲み上げてゆきたいというのがわたしの基本的なスタンスです。中門の真ん中に立つ柱は出入りを妨げるものではないというわたしの考えは、現段階においては従来説の（一）、（二）、（五）、（六）、（七）と共存できます。しかし残念ながら、（三）、（四）の説とは相容れません。

†法隆寺は精神的エリートにだけ許された寺か

（三）の竹山説は自分の主観的内面世界をこの門に投影しています。中門に触発された思想家の独白として興味深いものがあります。しかし、中門を語るというよりはむしろ、これに託して自分の思想を語っている感が強い。精神性を求めるあまり思い入れが過剰となり、かえって説得力を欠いてしまっている。

竹山道雄氏は戦後の一時期、いわゆる進歩派が牛耳る時流に抗して保守派の論陣を張った評論家で、小説も書きました。代表作に『ビルマの竪琴』があり、すでに二回にわたって映画化されています。近年の市川崑監督、中井貴一主演のそれは胸に迫るものがありました。

小学生の頃になりますが昭和三十年代、NHKのラジオ放送で毎回、手に汗握る想いで聴き入ったものです。主人公・水島上等兵の行いに心ゆさぶられた思い出があるだけに、その作者をあっさり否定してしまうのはつらいものがある……。論者は熱いハートの持ち主なのです。しかしこの見解はあまりに文学的、観念的に過ぎるとして今日、省みられることは少ないようです。

門の真ん中に立つ柱は怨霊封じか

問題は（四）の梅原説です。梅原猛氏は哲学出身の視点から日本の歴史に独自のメスを入れた論客です。この説をとなえて一躍名をはせ、他の業績と併せてでしょうが文化勲章を受けています。

中門の真ん中に柱が立つのは、通せんぼうをしている、出入りをさせない意思表示だとみるところから梅原氏の議論ははじまっていました。

氏はこの門に不吉な兆候を見いだし、聖徳太子の子孫たちが集団死に追い込まれた政治的事件と結びつけた。つまり、怒った太子の霊が怨霊となった。タタリを恐れた勢力が太子の怨霊をまつり、鎮め、封じ込めるために今ある法隆寺をつくった。怨霊が出て来ないように、中門の真ん中に柱を立てたというのです。

「聖人は子孫を継がず」と不吉な相をこの柱に読み取る鎌倉時代の風説に近いものがあります。また政治的事件との関連からこの問題を追っていますので、なぜ法隆寺においてのみ中門の真ん中に柱が立つのか、という点に関して他より強い主張をもっています。

しかし、和辻哲郎はじめ法隆寺を訪れた多くのひとが感じている、回廊に囲まれた聖域空間のすがすがしさ、さわやかさ、「透明な響き」と、論者のいう怨霊、怨念とがどうしても結びつきません。聖域をみたしている清浄さで怨霊がすっかり鎮められた、ということなのでしょうか……。

すでに述べましたように、聖域空間のさわやかさをもたらすデザイン上の要因として細い縦格子がくり返される連子窓の多用があげられますが、光も風も視線も通す連子窓は怨霊封じにまるでそぐわない。

しかし外に表出されたものと内に隠されたものが相反することもありえます。百歩ゆずって、仮に怨霊が封じ込められているとしましょう。

しかしこの場合でも、門の真ん中に柱が立つと怨霊は金縛りにあったがごとく、外に出られなくなるのか、という疑問がわいてくる。当時の人びとはそう信じ込んでいたのだろうか……。これは象徴性にかかわる問題であり、時代の心性や慣習によるところが大きい。慎重に考える必要があります。

この柱に不吉な兆候をみる鎌倉時代の風説がありましたが、法隆寺僧が伝えることとはいえ、新創建時とは大きな時代の隔たりがあります。それが当初の実情を伝えているとはかぎらない。門の真ん中に立つ柱が当時、本当に出入りを妨げ、通せんぼうをするような性格のものであったのかどうか。そこをしっかりと見きわめる必要があります。

これまでみてきましたように、真ん中に立つ柱は門の出入りになんら不都合をきたすものではなかった。むしろ出入りするひとの動きを円滑にするとさえ、いえる。したがって、不吉な意味合いもまた雲散霧消したのです。

いずれにせよ、門の真ん中に立つ柱を見たら脚（?）がすくんで動けなくなってしまうというマジナイに聖徳太子（の怨霊）が呪縛されていなければ、通せんぼうの効果がないのはいうまでもありません。そういうマジナイに太子が呪縛されていた、少なくとも太子一族を死に追いやった勢力はそう信じ込んでいたという前提があって初めて成り立つ話です。

霊というものは空中を浮遊し自由に飛べるはずだから、門の真ん中に柱があろうと扉が閉まっていようと、そんなことは関係ない、早い話、回廊に囲まれていても連子窓からすり抜ける、第一、聖域の上は青天井で抜けている、霊ならいくらでも飛んでゆけるではないかという議論もありますが、そこまでいうと揚げ足（？）取りになってしまうか……。霊の通り道という観念もありますからそれはさておき、わたしは建築や空間のあり方、そして使われ方からアプローチしたい。それが建築家としてまず果すべき任と考えるからです。

くり返しますが、ひとつの口の真ん中に柱が立っているのではなく、二つの口の真ん中に柱があるのです。門の真ん中に立つ柱が二つの口をつくっているとみるべきなのです。

中門にある二つの口——。ここで、インドから伝わってきためぐる作法が重要な意味をもってきます。中門に接続する列柱回廊はまさしくめぐる道、プラダクシナー・パタなのでした。二つの口は囲まれた聖域への入口と出口とみなされます。門の真ん中に立つ柱が出入りを妨げている、通せんぼうとみるのは誤認といっていいでしょう。

†右回りもあれば左回りもある？

塔や金堂、夢殿の内と外、そして回廊にはめぐる空間があり、それらは局所的なものではなく聖域全体にわたって展開されていました。それらはインドのプラダクシナー・パタに対応するものでした。めぐる向きについては、インドに発する作法から右回りと考えられます。

これに関連して気になるのは、左回りとする（五）の田中説です。田中淡氏は中国建築史を専門とする研究者ですが、この説は、門の真ん中に柱が立つのは中国においてすでに確立されていた形式を導入したものだとして、梅原説を一蹴します。この柱に特定の象徴的意味を詮索すること自体、無用ということでしょう。中国ではむしろこの形式が正統だったという指摘は興味深いものがありますが、中国にそのような門は現存しておらず、作法を述べる儒教経典からの推論です。

仏教寺院であっても仏教以外の要素が入ることはあります。仏教、儒教、道教が隔てなく共存していた当時の状況を考えますと、その可能性は十分にある。しかし、中国からきたという建築形式と左回りの作法がなぜ法隆寺だけに適用されたのか、という問題が依然として残り、釈然としない。

二つの出入口

（一）の説をとなえた関野貞は、（二）の説の伊東忠太とともに明治から昭和の前半まで学界をリードした建築史学の重鎮で、法隆寺非再建論を主張した旗頭でした。中門の柱についてはいま紹介したように簡潔に述べるだけで、根拠はとくに示されません。意識していたかどうかは不明ですが、鎌倉時代の法隆寺僧が伝える説のひとつに符合しています。このアイディアはだれでもすぐ思いつく常識的な見解であるだけに根強いものがあります。

二つの口がそれぞれ五重塔と金堂に専用の出入口だと解釈してみましょう。専用の出入口をもつ理由がそれぞれへの距離の短縮にあったとすれば、二つの出入口が隣り合ってひとつの門にまとめられているのですから、効果は薄い。また五重塔と金堂の距離は一五メートルほどで、アプローチを短縮する必要がそれほどあるのかどうか……。とすると、アプローチの短縮という一見、合理的な解釈は実態にそぐわないことになる。

二つの出入口にきわめて明快な解釈を与えた日本仏教史家に田村圓澄氏がいます。それによれば、「インドの釈迦」としての仏舎利をまつったのが塔、「日本の釈迦」としての聖徳太子をまつったのが金堂であり、それぞれに専用の出入口を用意するのは当然だといいます。なるほどと思いますが反面、第一章でみましたように塔にも聖徳信仰の色合いが認められますので、割り切れないものも残ります。

複数の神々それぞれに社殿と鳥居（あるいは門）を与え、ヨコ一線に並べることは神社建築でよくあります。たとえば伊勢神宮の別宮《べつぐう》である滝原宮と滝原並宮《ならびのみや》、四つの社殿がヨコに並ぶ月読宮《つくよみのみや》、あるいは宇佐神宮、熊野本宮、那智大社……と数多い。これらは法隆寺より後にな

ヨコ並びの配置を見せる滝原宮と滝原並宮

りますが、ヨコ並びを好むこうした感性がもともとあり、それが伽藍に現れたのだと思われます。
　このようにみてくると、二つの出入口はアプローチの短縮というような現代人好みの合理的理由からではなく、門の反復をもいとわぬ、ヨコ並びを好む心性の表れとみるべきでしょう。そして、門−建物がセットになる関係をいちいちくり返すところに丁寧さが現れています。そのめばえを法隆寺に読み取ることができるように思われます。
　中門は出入口であるとともに、そこ自体が祈りの場であったことを第一章でみました。塔および金堂と二つの口との対応関係は、中門を祈りの場としてとらえたとき、いっそう明瞭になります。真ん中の柱列で分けられた中門の二つのゾーンは、それぞれ塔と金堂への祈りの場としても位置づけられるのです（第三章扉）。
　こうした点を考慮に入れるなら、（一）の説にいっそう魅力を感じます。なお、めぐることと、二つの口が塔と金堂に対応することは両立します。

†バランスだけでは決まらない?

(二)の説を唱えた伊東忠太は、明治から昭和初期にわたって一大権威であった建築史家であり、自身、インド風の築地本願寺や中国風の湯島聖堂などを設計した建築家でもありました。

中門、五重塔、金堂という主要な建築物の規模のバランスを設計者は当然配慮していたはずですから、その点では妥当な見解といえます。ただ、伊東説によれば門の真ん中に柱がくることにこれといった意味はなく、問題とするに当たらない、そもそも問題など存在しなかったということになる。しかしそれでは真ん中に柱が立つのは門としてきわめて異例という事実が放置されたままです。問題提起自体が無視されたに等しく、謎解明の芽をつみ取りかねません。

規模のバランスが最大の理由で中門の柱間の数が決まり、これに基づいてオートマティックに柱の位置が決まったというのでは、建築家でもあった自身の経験が活かされていないように思われます。多くのことがらをフィードバックしながら決めてゆくのが設計であり、柱間の寸法や柱間の数についても同様です。こうした設計のあり方は古今を通じて変わらないはずです。建築において柱の立つ位置は規模のバランスと同様、検討をもっとも要する重要な問題であり、とくに出入口である門においてはなおさらです。

規模のバランスから必然的に門の真ん中に柱が立ったにすぎないのなら、同様のケースが他にあってよさそうなものです。しかし、法隆寺だけなのです。通常、避けられることがなぜここでのみ起きたのか、これに対する答になっていない。謎の解明のためにはやはり、そこに立つ柱の意味を問うていく必要がある。中門自体がこれだけの規模をもち、かつその真ん中に柱が立つにいたった理由については、法隆寺ならではの問題があったはずです。

†そもそも問題などなかった?

(六)の直木説は(四)の梅原説に対する反論として出てきました。霊魂の観念は当然古くからありましたが、日本古代史の専門家として直木孝次郎氏は、死者の霊が特定の個人にタタルという平安時代に流布した怨霊思想の起こりは早くみても奈良時代末期であり、法隆寺の再建(新創建)当時にはまだ、そのような発想はありえないとします。同様の指摘を仏教史家の田村圓澄氏もしています。

その上で、中門の真ん中に立つ柱についていま紹介したような解釈が示されました。空間構成のポイントを押さえた確かな視点があり共感できます。歴史家にもこのように空間把握にすぐれた方がいるのだといまさらながら驚きました。しかし門の真ん中に立つ柱について違和感はない、おかしくないという消極的な評価にとどまり、なぜ、そこにあるのかまでは説明していません。

また論者が門の真ん中に立つ柱に違和感はないといっているのは回廊に囲まれた聖域内部においての話であり従来、物議をかもしてきた、外から見たときの中門の謎に言及していないのはもの足りません。
（七）の上原説も（四）の梅原説に対する反論のなかから出てきたものです。上原和氏は西洋美術史から法隆寺研究に転じた学者で、聖徳太子の篤い信仰者でもあります。美術史家としての感性に根ざした視点には大いに共感するところがあります。実際、わたしの空間体験とピッタリ重なるところがあり、これまた一驚しました。ただ中門の真ん中に立つ柱と出入りとの関係は不問に付されたままになっています。
なお法隆寺謎解きの旅がはじまってから（六）、（七）の説を知ったのですが、これらがわたしの空間体験に自信をもたせてくれたことを付記しておきたいと思います。

†謎のさらなる解明へ

回廊はめぐる祈りの通路、プラダクシナー・パタであり、中門は回廊を含む聖域への出入口であり、礼拝の場でもあったというのがわたしの考えです。（三）、（四）以外の説はこの考えと相容れないものではありません。諸説それぞれとの距離は、これからの議論のなかでおのずとあきらかになってゆくと思われます。

ただ付言しておきますと、(四)の梅原説は事実誤認からはじまってしまい、したがって法隆寺は太子の怨霊を封じ込めた寺だという結論も怪しいものになりましたが、なぜ法隆寺での み中門の真ん中に柱が立ったのか、という問題意識は旺盛でした。これにはわたしも大いに触発されました。

他の説の多くは、なぜ法隆寺だけなのか、他で起きていないことがなぜここで起きたのかという問いに答えきれていない。というか斜に構え、そもそも問題などなかったといわんばかりの対応に終始し、ほとんど正面から答えていないように見えます。

なぜ法隆寺だけなのか、次にこの問題を考えてゆきたい。

2 なぜ法隆寺だけなのか

法隆寺の中門の真ん中に立つ謎の柱は、出入りを妨げるものではなかった。柱の左が入口、右が出口であり、それは祈りの対象を右回りにめぐるインドから来た作法に合致していた。そしてめぐる作法に対応する空間構造は法隆寺だけでなく、仏教伽藍に共通して見られること、さらには一部の神社にまで影響を及ぼしていることなどをすでにみてきました。

†なぜ法隆寺でのみ、中門の真ん中に柱が立つのか

法隆寺でとくにめぐる作法が重視されていたから、中門の真ん中に柱があるのだろうか。法隆寺ときわめて近い関係にあった法輪寺や法起寺でも、こういう柱はありません。したがって、そのような理由は消えます。

すでに第一章でふれましたが飛鳥寺や四天王寺など、伽藍が出現した初期段階では中門の柱間の数はみな三でした。今ある法隆寺はそれら初期伽藍より格別大きいわけでもないのに中門は巨大で、柱間が四つもある。伽藍規模が大きくなるにつれバランス上、中門も大きくなり、結果、柱間の数が増える傾向にありましたが法隆寺以外、三の次は五に跳ぶ。薬師寺、興福寺、東大寺などがその例でした。逆に川原寺など、法隆寺より格段に規模が大きいにもかかわらず、柱間の数は三にとどまっています。四になると中門の真ん中に柱が立ってしまうからです。このように、みな中門の真ん中に柱が立つことを避けています。

真ん中は空いている、というのが今も昔も変わらぬ常識です。実際わたしも法隆寺の中門の前に立った時、いいようのない緊張感を覚えました。確かにカワッテいる。やはりそこは普通、柱が立つはずのないところなのです。

ところで、めぐることを前提としても、入口と出口を分ける必要は通常ありません。他の寺はみなそうなのであり、めぐるにはそれで一向に差し支えない。当たり前の話ではあります。入口というものは出口でもあり、つまりは出入口である。経験的にいってそれで不都合はなく、当時の寺院一般でもまたそうであったということです。

とすると、中門の真ん中にあえて柱を立てる理由として、めぐる作法をあげるだけでは不十分ではないか。めぐる作法にとって妨げにはならない、むしろ好ましいという程度では、門の常識を破ってあえて真ん中に柱を立てた理由として消極的であり、説得力に欠ける。謎が解けたとは、まだいえない。もっと積極的な理由が求められます。問題の核心はさらに別のところにあるのではないか——。

根本的理由はどこにあるのだろうか。新たな鉱脈を探り当てるためには、別のアプローチが必要なようです。建築家に可能なアプローチは建築しかない。建築から読み取ることのできる、何か決定的な材料はないものか。

われわれが目にしている西院伽藍の聖域のあり方は新創建当初と大きく変貌しています。問題は今ある法隆寺が建立された当初のことですから、その時点における、この柱の役割を考えなければなりません。当初の聖域はどうだったのか、具体的に確認しておく必要があります。

現状と異なり法隆寺の西院伽藍では当初、列柱回廊が五重塔と金堂だけを囲んでシンプルな長方形の聖域をつくっていました。食堂、僧坊、経蔵、鐘楼は回廊の外です。回廊はそれらを組み込むことなく、聖域をめぐる通路、プラダクシナー・パタとしてすっきり完結していたのです（法隆寺西院伽藍/配置復元図、33頁）。

日本では伽藍の造営において金堂から着手する場合が多く、法隆寺でもそうでした。まず、本尊仏を納めるためです。昭和の解体修理の結果、金堂については工事がかなり急がれていたことがわかりました。

序章で概略を紹介しましたが、金堂に使用された木材の伐採年を奈良文化財研究所が年輪年代測定法によって調べた結果、天井板二枚のうち、スギの伐採が六六七年、ヒノキの伐採が六六八年と判明しました。ともに樹皮が残っていたため一番外側の年輪が確認できたのです（二〇〇四年七月一六日の朝日新聞による。同日の産経新聞は六六七—六六九年と、読売新聞、毎日新聞、日本経済新聞は六六八—六六九年と報じ、一年ほどのズレを見せている）。

伐採した後、木材を運搬し、そして乾燥させる期間をとります。藤原京の建設では舟運をつかい遠隔地から大量に木材を運び込んでいますが、ひとつの建物の天井用材であれば、近隣の山林から調達できたのではないか。前にもいいましたように、日本書紀は飛鳥寺の造営について「山ニ入リテ寺ノ材ヲ取ル」と伝えています。この表現からしても現場近くの山とみていいでしょう。法隆寺でも同様であったと思われ、したがって運搬にそう時間を要さなかったと考えられます。

問題があるとすれば乾燥期間です。とくにスギは水分を多量に含み、他の樹種にくらべて乾燥に時間を要します。それでも厚さ三センチの板を自然に乾燥させるには今日では八カ月程度とされています。当時はもっと時間をかけていたかと思われますが、長年にわたる必要はありません。その辺は経験で把握していたでしょう。

したがって運搬と乾燥に要する時間として、天井材であれば一年をそう大きく超えることはなかったといえるでしょう。もちろん必要性とは別に、単に貯木していた可能性がないとはいえない。しかし、二〇〇四年の統一的調査の意義がここに発揮されるわけですが金堂、五重塔、中門と、それぞれ工事の進行に応じて順次伐採が行われていた様子がみて取れます。

寺の造営のためにその都度、伐採が行われたことは、飛鳥寺の造営に関する日本書紀の記事とも合います。つまり、飛鳥寺の造営では五八七年に発願、五八八年に既存家屋の解体（および整地）に着手、五九〇年十月に山に入って木を伐採したと書紀は伝えています。工事の段階に応じて伐採が行われたことが確認できるのです。

天井板の取付けは工事期間の最終段階で行われます。天井板に使われたスギの伐採が六六七年、もう一枚の天井板であるヒノキの伐採が六六八年であったこと、工事が急がれていたこと、また報道にもみられたような一年ほどの幅を考え合わせますと、金堂の完成は六六九年ないし六七〇年頃ではないか。創建法隆寺が炎上したと日本書紀が伝える六七〇年との前後関係が微妙になってきますが、その時点で現・金堂が既に完成していた可能性すら出てきました。

金堂の工事期間は順調に運んで二、三年と思われますが、工事をかなり急いでいたとすると金堂の着工は六六七年ないし六六八年あたりでしょうか。

これまで、なぜ法隆寺は敷地を変えたのか、解けない謎とされてきましたが、それは火災後に着工したという思い込みがあったからです。火災のあった六七〇年以前に造営が始まっていたとなれば、創建法隆寺が現存しているのですから、別の敷地になるのは当然です。

次いで五重塔の着工となるわけですが、年輪年代測定法の検体として二層目の雲肘木（第一章61頁参照）が用いられました。構造の一部を形成しますので工期前半にこの部分の工事がなされたと思われます。これはヒノキ材で、六七三年の伐採と判定されました。ここまで順調にことが運んでいたとすれば、五重塔の着工は伐採年とそう大きくは変わらないでしょう。

塔の工事は途中、中断した時期があったらしいことが昭和の解体修理の結果、判明しました。かなり長期にわたって風雨にさらされた跡が認められたのです。主体構造だけの状態で放置されていた期間があったようで、造営が難儀していた様子がうかがえます。しかし遅くとも七〇〇年代初めには完成していたと考えられます。

というのは、七〇六年に完成したという記録のある法起寺の三重塔があきらかに法隆寺五重塔をベースに造られているからです。同じ斑鳩にある法起寺は法隆寺ときわめて近しい関係にあり、造営にかかわった技術者たち——〝太子コロニー〟とよばれたりします——も同一と考えられます。リーダーが二つの現場を同時進行でみていた可能性がないわけでもないが、法起寺三重塔の工事が始まる前に法隆寺五重塔は完成していたとみていいでしょう。

次に中門の工事に移りますが、初層の大斗《だいと》が年代測定の検体となりました。斗については第一章で説明しましたが、一番下にくる斗を大斗といいます。エンタシスの柱の上に載っていた斗で、これも構造の一部です。この検体は周辺が削られていましたので推測が入りますが、年輪年代法により伐採は六九九年頃と判定されました。中門の着工年も大きく変わらず、この頃とみていいでしょう。

中門の着工がその頃だったとすると、五重塔は工事の中断期間や中門着工との前後関係を考慮して、おそらく六九〇年代後半には完成していたとみていいのではないか。

なお中門に金剛力士像を七一一年に造ったという寺の記録がありますので、この時には既に中門が完成していたと確認されます。中門の後、列柱回廊の工事が行われたことでしょう。

聖域をつくる主要伽藍の工事は以上のような経過をたどったとみられますが、これに先立って全体の構想計画があり、一帯にわたる大規模な整地工事がなされたことを忘れてはなりません。それは遅くとも六六〇年代の半ばあたりにはあったと考えられます。

列柱回廊に囲まれた伽藍の中枢が整った後、次いで回廊の外に移り、食堂、僧坊、経蔵、鐘楼などがつづきます。これらは八世紀前半にはそろったとみられます。

†西院伽藍の変貌

ところが九九〇年頃、平安時代の中期になりますが、列柱回廊によって囲まれた聖域が大きく拡張されました。当初、中門から見て正面を横切っていた回廊が端部を残して撤去され、代わりに方向を変えて奥に伸び、それまで外にあった三つの建物、つまり食堂、経蔵、鐘楼を回廊の中に組み込みます。この時点で聖域はいま見るような凸形になった（西院伽藍／配置現状図、57頁）。

それまで食堂が僧たちの勉学、修行する講堂の用途を兼ねていましたが、食堂は別に建てられ、そこは講堂になりました。この改変により講堂（旧・食堂）が聖域に直面し中門に正対するようになった。講堂が聖域の外に出るか、それとも聖域に面するかは大きなポイントであり、聖域のあり方を大きく変えるものでした。

古代伽藍の変遷をみますと最初、回廊の外に配置されていた講堂が、回廊に組み込まれ聖域に直面するようになってゆく傾向がみられます。

法隆寺でも当初、食堂（講堂）が囲まれた聖域の外にありましたが、それは聖域として純度を高めることが優先された結果とみられます。食堂であっただけに、なおさらです。聖域において日常生活の場はなるべく視野に入れたくないものでした。しかし、寺で催される行事そのものが当初に増して盛大になってきた。

それにつれ回廊に囲まれた聖域が手狭になってくる。最大の施設である講堂でも堂の内外にわたる行事が多くなり、前面に広い空間が必要になってくる。行事内容も多様になり、講堂と塔や金堂との連続的な関係も求められるようになったと想像されます。そうした要請を受けて聖域を拡大し、講堂を聖域に直面させるようになったのではないか。

列柱回廊が変わったその時、回廊は経蔵と鐘楼のところで分断されてしまいました。回廊をめぐることの優先度が落ちたのは事実ですが、それは庭の使われ方が活発になったことと表裏をなします。広くなった聖域でさまざまな催しが盛大に開かれた際には、回廊は絶好の観客席となった。また塔や金堂の外周、庭の中を行列をなして回ること、つまり繞塔《にょうとう》、繞堂《にょうどう》、庭儀もいっそう盛大に行われたと思われます（建物の外での行事をひろく庭儀という）。

†伽藍配置のカナメの柱

西院伽藍を歩き回りながら考えをめぐらせた――。

なぜ法隆寺でのみ、中門の真ん中に柱が立つのか。法隆寺は形もヴォリュームも高さも違う塔と金堂を左右二つ、ヨコに並べている。これは大陸には見られない配置だ。また、中門の真ん中に柱が立つというのも異例だ。建築自体に要因を見いだすことができるとしたら、この二つのユニークさが交わるところではないか……。とすると、この柱は法隆寺特有の伽藍配置に関係しているのではないか。

回廊が途絶えているが、かつてはそのままのびていた。

五重塔と金堂の背後には、かつて列柱回廊が走っていた。そのラインを想定し、行きつ戻りつ、その上を実際に歩いてみる。当時の人たちもここを歩いたはずだ。塔と金堂を後ろから見ることになるが、前から見たときと印象は変わらない。デザインに表と裏はなく、塔も金堂もそのまわりを回ることが想定されていたと合点

五重塔と金堂。一層目に裳階がまわる（野中昭夫撮影、『芸術新潮』1994年5月号）

がゆく。
当然のことながら五重塔寄りの地点では五重塔が、金堂寄りの地点では金堂が圧倒的な存在感で迫ってくる。一方が迫れば他方は退き、その一部は陰に隠れる。斜めから見る塔と金堂のたたずまいには風格のなかにも変化と奥行が感じられ、一幅の絵となる。法隆寺を礼讃する言葉の多くは、こうした斜めのアングルから発せられている。

ところが歩みを進め中門真ん中の柱がのる中軸ラインに近づくと、塔と金堂の重層する屋根のリズムが互いに干渉しだした。おもしろいものだ、違う建物なのに、屋根という似た形どうしが互いを求め出す。まさに〝類は友を呼ぶ〟です。

はじめ五重塔と金堂が視野のなかでかすかにゆれだし、それは徐々に生気を帯びてくる。ゆれはますます大きくなってきて躍動のダイナミズムは一気に高まり、絶頂に達する。双方の屋根が空に向かってはばたくかのようであり、また互いを求め合って倒れ込むようでもある。それは好ましい印象の範囲を超え、聖域の秩序を危うくしかねない。

二つの建物は大きく異なります。それが左右に並ぶのを正面から見るのは——今の場合は真後ろからですが——、まったく座りが悪い。バランスを取ろうにも至難の技だ。設計者は後に述べるように建物の距離のとり方に工夫をこらしたりしているのですが、その効果にも限界があるといわざるをえない。しかし、かつての回廊ラインと中軸ラインが交わる地点に来た瞬間、

かつてあった回廊の位置から中門を見返す。真ん中の柱が全体の構図を引き締めている。

足は止まり、わたしは固まってしまった。

視界の左右に金堂と五重塔が並び、中央にどっしりと中門が構えている、その真ん中に立つ謎の柱。その位置ゆえに、この柱の吸引力は強い。それが構図全体の焦点となり、視界のゆらぎがピタリと止まった――。

三つの建物がつくる構図のなか、中軸に立つ謎の柱が扇のカナメとなっている。度はずれて大きな中門、その真ん中に立つ重く太い柱。それが視界の全体をグイッと引き締めている。

鉄粉を吸い付ける磁石の棒のようだ。中軸上にこの柱がなかったならば、構図を支配している凜とした空気は得られなかったにちがいない。そこに残されたのは漠としたバランスがもたらす、ただ穏やかというだけの凡庸な、しまりのない印象であったと思われる……。

あろうことか、門の真ん中に柱を立てるという前例のない決断の裏には、天才的発想と冴え切った計算があったのです。そういえば外から中門を見た時も、異様な迫力をもって中門が五重塔と金堂を束ね、構図を引き締めていた。その真ん中の柱が全体を統一する焦点となり、強烈な磁力を発していたのでした（序章扉）。外から見ても内から見てもカナメの役割を果しているのです。

3 法隆寺以前の伽藍配置

いま見る法隆寺は創建時のものではありません。焼けてしまった創建法隆寺とはいったい、どんな伽藍だったのか、気になるところです。

†創建法隆寺は四天王寺と同タイプ

発掘調査の結果、創建法隆寺では西に二〇度振れた中軸線上に塔と金堂がタテに連なっていたことがわかりました。跡地には後世の建物が迫っていますので全面的な発掘にはいたっていませんが、調査の限りでは列柱回廊の痕跡が見られません。聖域を囲む回廊はなかった可能性があり、なお未完の要素を残していたのかもしれません。

塔と金堂が南北に連なるこのタイプで全容が判明している例として大阪の四天王寺があり、これは復元されています。飛鳥の山田寺《やまだでら》跡もまた重要です。塔と金堂が南北、タテに連なる四天王寺タイプの伽藍配置は朝鮮半島の西南部、今の韓国西部に当たる百済から入ってきたものです。

創建法隆寺の伽藍配置は実際、どんな印象だったのか。それを確かめたくて同じタイプの四天王寺を訪れてみた。大阪の中心市街地と連続している境内には露店も並び、そぞろ歩く老若男女でごった返しています。四天王寺は法隆寺と並ぶ太子信仰の中心地です。

活気にあふれたざわめきに、遠くインドのヒンドゥー教寺院の熱気を思い出した。これが国を問わず、庶民信仰本来の姿というものでしょう。人混みの中、太子信仰が今なお脈々と息づいていることを肌で実感します。

境内の池にたくさんの亀がウヨウヨしていて驚く。〝鶴は千年、亀は万年〟、不老長寿のシンボルです。そういえば、亡き厩戸皇子をしのんで妃がつくったと伝えられる「天寿国繡帳《てんじゅこくしゅうちょう》」にも亀が表現されていました。天寿国とは浄土の中国的表現ですが、亀には不老不死の神仙境のイメージがただよいます。四天王寺の由来について日本書紀が伝えています。要約しますと、仏教導入派の蘇我馬子と排斥派の物部守屋が激しく戦った六世紀末、馬子の陣営にあった当時十四歳の厩戸皇子は仏教の守護神である四天王に勝利を祈り、願いがかなえば寺を建てると誓った——。

しかし、出土した瓦などからみるとすぐに着工とはならなかったようで、創建法隆寺に遅れるようです。金堂が七世紀前半、塔が七世紀半ば、講堂が七世紀後半とみられ、講堂を組み込む回廊もその頃と考えられます。書紀の記述には厩戸の神童ぶりを誇張している節がうかがえます。

現在の四天王寺は鉄筋コンクリートにペンキ塗りです。そのノッペリした質感が気になるといえば気になりますが、伽藍配置の印象を見るには十分です。中門は間口に三つの柱間をもち、真ん中が空いている。法隆寺にくらべてずいぶん小ぶりです。もっとも法隆寺の中門の大きさが異例なのですが。

中門に立って驚いた。五重塔がいきなり迫ってくるのです。目の前にする塔本体は思っていた以上のヴォリュームでこちらを圧迫してくる。塔によって目の前がふさがれてしまう。その背後にあるはずの金堂はまったく見えない。それだけではなく聖域の全体像が皆目つかめない。これにには大いに戸惑う。受け入れられていない……。それが率直な印象でした。こういう言い方は不遜にちがいなく、当時の人びとはもっと謙虚だったでしょう。しかし建築のあり方として〝取り付く島がない〞のも否定しようのない事実です（四天王寺／配置図、122頁）。

†前と後ろ、手前と奥、表と裏

塔が前面に来て、後ろにある金堂は見えない。これをどう解釈したらいいのか。

前章で述べたようにブッダの没後まもなく、遺言に反して塔の建造が始まりました。一方、偶像崇拝を禁ずるブッダの教えは約五百年もの間、固く守られていた。すでに訪れたサーンチーの塔でブッダの存在が足跡や菩提樹、車輪や塔のレリーフで示されていたことからもそれがうかがえます。仏像が造られるようになったのは、長きにわたったタブーを破ってのことでした。

塔には仏舎利が、金堂には仏像が納められますが、前章、インドの塔で述べたように、塔の出現が先であり、長い期間を経た後、仏像が生まれました。それを納める金堂が登場したのは、当然塔の後です。そうした歴史的な経緯がこの大陸伝来の伽藍配置に反映されているのではないか。

タブーを破って誕生した仏像を納める金堂には最初、塔に遠慮するところがあり、金堂はおずおずと塔の陰に隠れて後ろに位置した……。つまり塔が優先されているわけですが、その背景として仏像および金堂が禁を破って生まれてきた事情があるように思われるのです。

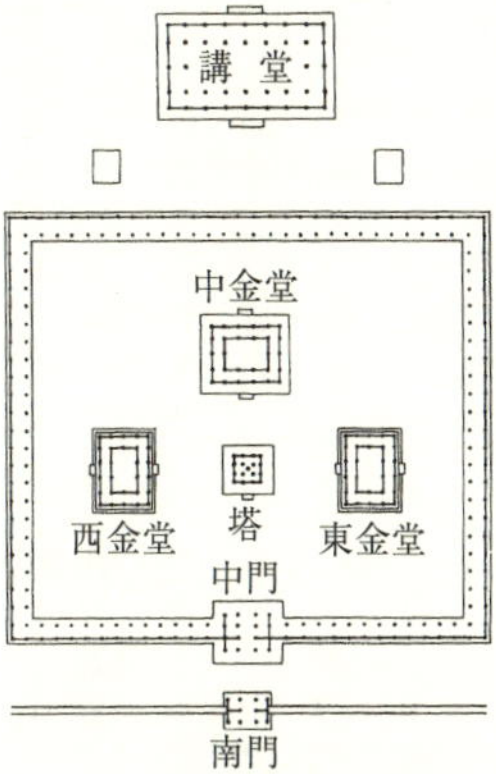

飛鳥寺／配置復元図（日本建築学会編『日本建築史図集』彰国社）

伽藍が導入された頃、塔がもっとも重視されていたことは、最初の本格的寺院であった飛鳥寺をみるとわかります。中門に立つと目の前に塔があり、そのまわりを三つの金堂が取り囲んでいました。囲まれて真ん中に位置する塔の方が金堂より尊重されているのは位置関係からあきらかです。

さて前と後ろ、手前と奥の関係は複雑です。ふつう上座といえば奥で、手前が下座です。たとえば雛人形の配置は段差をともない、まさしくこれに当たります。会議や宴席の場でタテ長の配置をとる場合、やはり奥が上席となる。鳥居―拝殿―本殿とつづく神社も同様です。ありがたいものは奥に、というのが自然な感覚といえるでしょう。

しかし、目につくことが求められる場合、たとえば記念写真を撮るときなど、前列中央が最上の席となる。つまり手前が上席。四天王寺の塔がこれに当たります。

宮殿や住宅では表に玄関や応接間など対外的な空間がきて、その奥にプライベートな空間がくるのが一般的です。宮中で天皇のすまいに当たる所は内裏《だいり》といいます。〝お内裏様とお雛さま〟、のあの内裏です。私的なものを奥ないし裏に隠す、これも自然な感覚ですね。伽藍でも食堂や僧坊といった生活の場は聖域の裏、または側面にきます。

聖域において前後に建物が連なる場合、前より後ろ、手前より奥にありがたいものがくるのが落着きがいい。合掌し拝するとき、祈りの方向は手前から奥へ、となりますから、それが自然であり、違和感のないところでしょう。

とすると、もっとも尊重されるべき塔が手前に来る四天王寺は――ひいては創建法隆寺も――、大きな矛盾をかかえていたということになりはしないか。見方によっては、塔が〝前

大阪・四天王寺。一直線に連なる塔―金堂―講堂を回廊の隅から見る。

座〞で、金堂が〝真打ち〞とみられかねない配置です。塔重視であったのですから、これでは違和感が残る。

ただ、すでにみたように、立ち止まって拝むこととめぐることは共存しています。とくに塔に対してはめぐることが強調されますので、前と後ろの意味合いは当然薄くなります。

また、前章でみたように塔は舎利の、そして宇宙軸のシンボルですから外からよく見え、外に向かってアピールしなければなりません。それが塔の重要な役割ですから、積極的に前に出てくる必要がある。手前が上席となるケースです。そして仏像出現の屈折した事情が伽藍配置の背景にあった。

このように、伽藍における塔の位置については複雑に葛藤する要因がありました。大陸でひろまった四天王寺タイプですが、少なくとも列島においてこのタイプは問題をはらんでいた、といわざるをえないようです。

†タテ一列の伽藍配置

中門から左に進み回廊のコーナー近くに来ると、今度は一気に伽藍の全貌が飛び込んできます。回遊式庭園のように最初、全貌が見えなくても徐々に場面が展開し、おのずと全体が了解されていくのではなく、場面転換が急なのです。

五重塔がそびえ立ち、その背後に金堂がつづき奥に講堂がある。左右対称の建物がビシッと一列に連なり、あらがいようのない緊張感が走る。中門―五重塔―金堂―講堂と、聖域を一直線に貫いて約一〇〇メートル、背骨が一本通っている。――もちろん見えない背骨ですが。連なる建物は中軸で串刺しにされ、とても分け入ってゆけない感じがする。

さらに回廊をめぐり、角度を変えて全体を眺め直してみました。しかし、はじめに抱いた疎外感は依然として残ったまま、帰属感は最後まで生まれませんでした。先ほどもいいましたが、古代の人たちはこんな尊大な感想はもたなかったでしょう。伽藍が完成しその雄姿を見せた時、その壮麗さに驚嘆し賞讃のかぎりをつくしたにちがいありません。しかし時が経つにつれ、どことなくしっくりこない感覚を覚えるようになったのではないか。

左右対称の建物群を串刺しにする中軸に視線は通りません。それでいて、この中軸が唯一絶対の基準として全体をつらぬき支配している。ひとを寄せ付けないような透徹した秩序は見事ですが、威風堂々、立派過ぎてそこに心を投影しがたい。これが朝鮮半島は百済を経てきた、大陸直輸入の伽藍配置というものか……。

†朝鮮半島、中国そしてインド

かつて百済の都として栄えた扶餘《プヨ》は韓国の首都ソウルから南に一五〇キロほど、白馬江《ペンマガン》のほとりにあります。川幅をゆったりと広げた水面は時が止まったかのようです。日本で目にすることのない悠久の光景に、半島とはいえやはりここは大陸の一部であることを実感させられます。

この川はやがて黄海に注ぎますが、その河口はかつて白村江《はくすきのえ》とよばれました。唐と新羅の連合軍に滅ぼされた百済を復興させようと進撃した日本水軍はここで大敗し、川は赤く血に染まったと伝えられます。世にいう〝白村江の戦い〟(六六三年)です。

百済には四十を超える寺院があったとみられ、そのうちの半数ほどが扶餘に集中していました。伽藍配置があきらかになった寺院は塔と金堂がタテ一列に連なる点で共通しており、これが列島に伝わり創建法隆寺や四天王寺になったとみられます。

その先の中国ではどうかというと、九世紀に仏教の大弾圧があり、例外を一部に残すものの、木造伽藍はほとんど壊滅しました。それで法隆寺のように古いものがのこっていないのです。

中国ではやることがとにかく徹底していて容赦ない。

六世紀の初頭前後に栄えた洛陽《らくよう》の都にこの配置をもつ伽藍があったと当時の文献が伝えています。同じタイプの寺が他にも多数存在していたと考えられます。七世紀、孫悟空の活躍する『西遊記』のもととなった『大唐西域記《だいとうさいいきき》』によれば、玄奘《げんじょう》（三蔵法師）がインド滞在の帰途に立ち寄ったホータンに同様の配置をもつ伽藍があったといいます。そこはタクラマカン砂漠南辺にあるオアシス都市で、今はイスラム圏です。

ずっと後世のものになりますが、北京などでは中軸にのって壮大な宮殿が延々と連なり、軸線は都市全体をつらぬいて無限の彼方にのびてゆきます。中国では時代や建物種別を超えて空間の基本的な嗜好、性格はあまり変わっていませんので、往時における伽藍も同様であったろうと推定されます。

現在、日本にある伽藍のうち、もっとも中国的なものとして京都南郊の萬福寺《まんぷくじ》が挙げられます。江戸時代初期、中国から招かれて来た僧の指導の下に建てられた壮大な伽藍で、四天王寺より格段に大きい。南大門にあたる三門、中門にあたる天王殿《てんのうでん》、金堂にあたる大雄宝殿《だいおうほうでん》、講堂にあたる法堂《はっとう》が中軸上にビシッと連なっています。本尊をはじめ、重要なものがすべて中軸にのりますから視線が抜けることもありません。歩みもそこで立ち止まり、迂回することになります。ひとの存在を前提としない超越的な絶対的秩序がひしひしと伝わってきます。

左右対称の建物が中軸上にタテ一列に連なる構成はインドのヒンドゥー教寺院にもよく見られます。世界遺産に登録されている西インドのエローラにありますし、北インドのカジュラーホでは塔状の屋根がタテに連なります。ひとはまず寺院の外側を右回りに回り、そして寺院の中に入って本尊のまわりを回ります。

四天王寺では手前に高い塔がきていますがエローラやカジュラーホでは中軸上、手前が低く、後ろにゆくに従って高くなる。つまり奥が優位に立ちます。これらの寺院はほとんど八世紀以降に造営されたものであり、この形式がどこまでさかのぼりうるのか、はっきりしませんが、堅固な建物がタテ一列に連なり強い中軸が形成されるのはインド、中国、朝鮮と、大陸に共通して見られる特徴です。しかし、このタイプが日本に根づくことはなかった。

寺院のほとんどが東西軸か南北軸のいずれかにのっていますので、方位が強く意識されていたのは共通しますが、軸のとり方には違いがあります。中国ではつねに南北軸が重視される傾向が強いのに対し、インドでは必ずしもそうなっておらず、東西軸が優位に立つ場合も多い。

ということは、南北軸にのり南面するという列島に伝わった伽藍の大原則は、インド的仏教コスモロジーからきたというより、中国古来の伝統的方位観によるものなのではないか。伽藍をとおして仏教の原則と思っていたことが、じつは中国に土着のものだったようです。

なおタテ一列に連なる点で鳥居—拝殿—本殿と展開する神社が想い浮かびますが日本の場合、

見え隠れしながらも視線が通るなど空間の透明性が高く、また軸がズレたり屈曲したりすることも多い。変化にとんだ、やわらかい空間になっている点が大陸とくらべて対照的です。

†四天王寺の変貌――タテ使いからヨコ使いへ

四天王寺での空間体験はまた、新生法隆寺の空間の特質をあらためて際立たせてくれました。新生法隆寺は〝タテのもの（創建法隆寺）を、ヨコにする〟一大転換によってもたらされたことが実感されました。いわば一枚の紙をタテ使いにするかヨコ使いにするか、そしてタテ書きかヨコ書きかに近いといいえますが、これにより新生法隆寺は、まったく新しい空間に生まれ変わったのでした。

しかし四天王寺の様相は時代の経過とともに大きな変化を見せ、結果として新生法隆寺に近づきます。建物自体ではなく、門の使われ方が大きく変わったのです。

平安時代、西方極楽浄土への信仰が熱狂的な高まりを見せました。そして四天王寺の西門から西方浄土に渡れるという庶民信仰が興りました。おそらく寺側が仕掛けたのでしょう。つまり西門は極楽浄土の東門とみなされ喧伝されたのです。当時、難波の海は今よりずっと陸地にくい込んでいて、海に沈む赤い夕日を西門越しに見送ることができ、それが大流行しました。西門が脚光を浴び中門をしのぐ存在になる。当時の歌謡集に次のような歌があります。

極楽浄土の東門は難波の海にぞむかへたる
転法輪所の西門に念仏する人参れとて

転法輪については前章でふれましたが、転法輪所とは仏法が説かれる所、つまり四天王寺をさしています。西門での人だかりは当然、東西軸の強化をよぶこととなります。中軸と直角に交わって金堂の前を通るこの軸を通ることが多くなる。それは、いわば副軸というべきものでしたが、いまや主軸の様相をみせるようになります（四天王寺／配置図、122頁）。

西門から列柱回廊に囲まれた聖域内を見ると左に金堂、右に塔がヨコに並ぶという関係になります。左右は逆ですが法隆寺と似てきます。回廊に囲まれたタテ一〇五メートル×ヨコ七四メートルの四角形を九〇度回転させて〝ヨコ使い〟にする格好です。このとき伽藍の硬直した印象はやわらぎます。

四天王寺の建物は戦後の再建ですが、この使用形態は今日も踏襲されています。やはりしっくりくるのでしょう。中門は閉ざされ、代わって西門がメインであるかのような役割をはたし、先ほどみたように、周辺は老若男女でにぎわいを見せています。

†山田寺から法隆寺へ

もうひとつ、飛鳥の山田寺跡を見ておきましょう。近年の発掘調査で、連子窓のついた回廊の側壁部分がバッタリ倒れた状態のまま出土し、大いに話題を呼びました。山田寺の着工は創建法隆寺や四天王寺より遅く新生法隆寺より早い。したがってその建築材についていえば、山田寺が現存最古です。ただし、法隆寺五重塔の心柱は別として。

蘇我系の有力豪族であった蘇《そ》我倉山田石川麻呂《がのくらのやまだのいしかわのまろ》により六四一年に敷地造成がはじまり、六四三年に金堂建立。大化の改新政府で麻呂は重要な位置を占めますが六四九年、身内——異母弟——の密告が原因で金堂にてみずから死を遂げる。この時、列柱回廊も造営されていたようですが、工事はここで中断された。

後に無実とされ六六三年、中大兄《なかのおおえ》皇子（＝天智《てんじ》）により塔の造営が始まる。だが工事はまたも中断し、やがて天武《てんむ》天皇が引き継ぐかたちで六七三年に心柱を立て舎利を納める。塔は三年後に完成した。そして講堂が六八五年に完成をみた。私寺として始まった山田寺でしたが、途中から天皇家の保護下に入ったとみられます。

山田寺跡は現在、全面的に芝の状態に整備されていて、地上に明らかなのは基壇を示す盛土、そして礎石だけです。しかし礎石の配置から柱の位置がわかり、ひいては伽藍配置が見えてきます。山田寺は塔と金堂が前後、南北タテに連なり四天王寺と同じタイプですが、講堂は聖域を囲い取る列柱回廊の外側、北の位置にあった。

遺跡を歩き回りながら、ふと気づきました。仮に中門を東の回廊の中央にもってくれば、左に五重塔、右に金堂となる。講堂は回廊の外にあり視野に入らない。金堂は正面を塔に向けていますが、中門側に向ければ法隆寺と同じになります。つまりこの仮想の中門から見ると目の前は空白で、正面奥には列柱回廊だけがある。――新生法隆寺の構図です（西院伽藍／配置復元図、33頁）。

遺跡に近い飛鳥資料館に山田寺の列柱回廊が復元されています。円柱は法隆寺よりずんぐりしていて胴張りが大きい。連子窓の縦格子は法隆寺より太めで質実さを感じさせます。最初から法隆寺の連子のように細く軽く洗練されていたわけではなかったのです。山田寺が洗練されて新生法隆寺になったことがうかがえます。山田寺の秘宝が今日にまで法隆寺に伝わるなど、二つの寺には大変近い関係がありました。

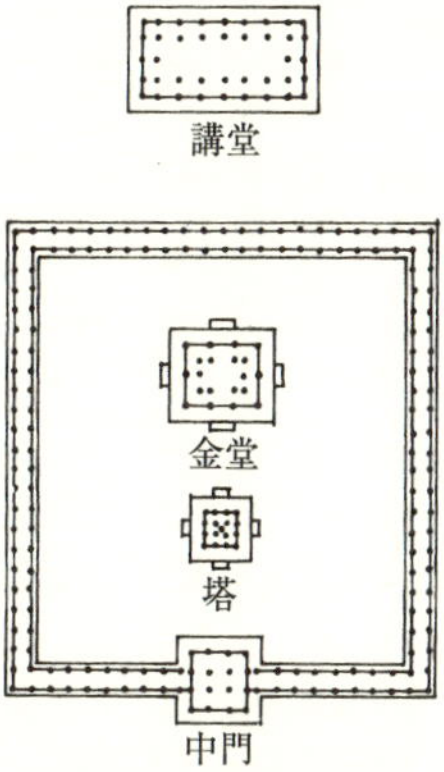

飛鳥・山田寺／配置復元図
（『日本古寺美術全集 第二巻』集英社）

いま紹介したような山田寺の造営プロセスが詳しくわかるのは、法隆寺僧が聖徳太子についての史料をまとめた『上宮《じょうぐう》聖徳法王帝説』という文書の裏面に山田寺のことが書き加えられているからです。こうしたことからも両者の関係の深さがわかります。山田寺は法隆寺の新創建にあたって大いに参考にされたと思われます。

フィールドワークの旅から戻り、発掘調査報告書を調べて驚いた。回廊に囲まれた聖域はヨコ幅に余裕はあるものの、タテ一列に連なる四天王寺タイプなので、てっきり長方形と思っていた。ところが図面にスケールを当てて測ってみると、なんと一辺が八六メートルの正方形です。伽藍配置はタテ型でも、聖域のプロポーションはタテ長でもヨコ長でもなく、まさにその中間になっている。設計者の胸中を察するに、

――四天王寺のような方向性の強さ、押し付けがましさ、堅苦しさから逃れたい……。しかし伽藍配置を変えるのは不安だ。ならば聖域の輪郭をヨコ方向に拡張して正方形とし、空間にゆとりと大らかさを求めよう……。

ということだったのではないか。タテ型伽藍配置の硬直した雰囲気から脱却しようとする胎動がここにめばえていたのです。

タテ型の先行例として創建法隆寺や四天王寺がありました。両者とも回廊を含めた全体設計がなされていたはずですが、先にふれたように創建法隆寺は回廊のない状態だったようです。四天王寺の回廊は七世紀後半でした。回廊をともなうタテ型配置の例を実際に目にすることがなかったとすれば、山田寺設計者の想像力に脱帽です。もっとも、知られざる先行例があった可能性は残りますが。

4 法隆寺ファミリーの誕生

なだらかにつづく青い丘陵を背景にして法隆寺の隣に法輪寺が、少し離れて法起寺があります。いずれも厩戸皇子を祖とする一族ゆかりの寺々です。斑鳩の里に点在するこれらの寺は血脈が通じているだけでなく塔と金堂がヨコに並び立つ伽藍配置、五重塔や三重塔にみる外観デザイン、使われている瓦の意匠などに共通性があり、ファミリーとよびたくなる親しさで甍《いらか》を連ねています。法輪寺の三重塔は残念なことに昭和になってから落雷にあい、いま見る塔は現代の匠による再建です。

一面の稲穂の海、青垣なす低い山並みの上空にひとすじの雲が流れてゆく……。前にもいいましたが、一族をめぐる悲惨な事件など想像もつかない、のどかで平和な風景です。

†法輪寺

法輪寺は当初、法隆寺の末寺であったと伝えられますが、その創建については二つの説があります。

(一)六二二年、病に伏した聖徳太子の回復を願い、息子の山背大兄皇子らにより創建が発願されたという説。
(二)法隆寺が焼けた後、敷地がなかなか決まらず、その間に法輪寺が建てられたという説。この時、指導的立場にあった人物として百済から来た僧の名があげられています。
(一)の説は、中門の柱のところでとりあげた鎌倉時代の法隆寺僧が伝えているものです。
(二)の説は「斑鳩寺被災之後、衆人寺地ヲ定メエズ」という平安時代の記事によります。斑鳩寺とは創建法隆寺のことです。
先に検討しましたが、現・金堂の工事が六六七年頃には始まっていたとすると当然、六七〇年の火災前には敷地が決まっていたはずです。したがって、本書の立場からすると、この記事はあまり信用できないように思われます。ただ、記事は敷地を変えた事実には対応しており、単なる再建でなかったことをうかがわせています。

以上二つの説は一見、相容れないようですが発掘調査の結果、下層から建物跡が出てきました。それが仮に法輪寺の前身ともいうべきものだったとすれば、法輪寺は七世紀前半に創建され、その後に再建されたとみることができますが、前身法輪寺についてはなお不明です。

出土した瓦から法輪寺の金堂は六五〇年代に造営されたとみられています。時は舒明、皇《こう》極《ぎょく》につづく孝徳《こうとく》朝、大化の改新政府において中大兄皇子が活躍していた頃でした。

法輪寺は法隆寺と同じ伽藍配置をとっていました。中門から見て左（西）に三重塔、右（東）に金堂が並び立ち、ともに中門側に正面を向ける。列柱回廊が二つの建物を取り囲み、講堂は中門から見て正面奥、回廊の外にありました。法輪寺の規模を一・五倍すると、だいたい法隆寺になることもわかりました。つまり両者のあいだに緊密な関係が認められます。ただし中門間口の柱間の数は三で、真ん中に柱はありません。

配置といい比例といい新生法隆寺とよく対応していることから、法輪寺は法隆寺のモデルとなったとみられています。

†法起寺

法起寺は厩戸皇子の遺言により、山背大兄皇子が自身と生母の住まいとしていた岡本宮を尼寺に改めたものと伝えられています。すでに述べたように日本では伽藍の造営は金堂から始まるのが通例で、法起寺もそうでした。金堂の造営に着手したのは六三八年です。その五年後――すでに金堂は完成していたと考えられます――、皇

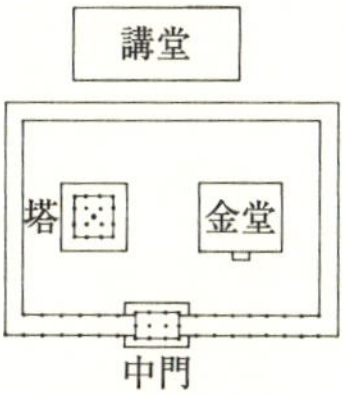

法輪寺／配置復元図

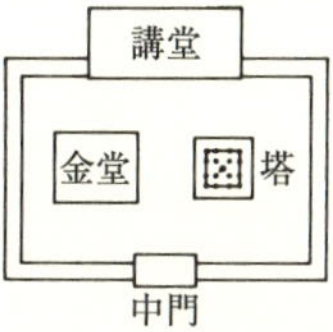

法起寺／配置復元図
（いずれも『日本古寺美術全集 第二巻』集英社）

位継承のもつれから山背大兄皇子は自死を遂げる。一族は残らず運命をともにしたという悲劇があり、三重塔の造営は長期にわたって手つかずのままでした。

三重塔の完成は七〇六年との記録があります。ファミリーのなかでもっとも遅く、先にふれましたが法隆寺五重塔の後とみられます。法起寺三重塔の平面寸法、つまり塔本体の辺の長さが法隆寺五重塔に基いているからです。また法隆寺に特徴的だった雲肘木も見られます。当時のままに残っているのはこの三重塔だけで現在、境内に見られる他の建物は後世のものです。

法起寺では金堂と塔がヨコに並んでいましたが、法隆寺とは左右が逆、つまり中門を入って左（西）に金堂、右（東）に三重塔があり、ともに中門側を向いていました。最初、伽藍配置がどのように計画されていたかは不明ですが、長い空白期間をへて三重塔の造営があらためて具体化された時点で――工事期間を三年ほどとみて七〇〇年代前半――、伽藍配置が最終決定されたのでしょう。

なお講堂が中門から見て正面突き当たりにあり、回廊と接続していました。中門の柱間の数は三で、真ん中に柱は立ちません。

†法隆寺ファミリー

三つの寺が互いに近い場所にあることはすでにふれたとおりですが、建築技法から伽藍配置にいたるまで偶然とはいえない共通性が見られます。また、これらや斑鳩宮跡、そして創建法隆寺跡から出土した瓦にも共通のデザイン傾向が見られます。斑鳩宮は厩戸皇子の住まいであり、創建法隆寺は厩戸の私寺でした。

つまり厩戸から山背大兄を経てそれ以降へとつづくデザイン系譜が認められるのです。厩戸の生前、そして山背大兄の没後を通じて斑鳩の里に定住し代々、技能を受け継いだ職人たちの存在が浮かび上がってきます。美術史家・上原和氏の主張にはうなずけるものがあります。

「私が、斑鳩の地における〝太子コロニー〟の存在をつよく感じるのは、こうした斑鳩の寺や宮殿の跡から発見された出土瓦の意匠の独自性によるのである……斑鳩にのみ見られる新意匠のデザインが、いわば汎斑鳩デザインとして打出されているところに、まとまった一つの芸術集団の造形意志が感じられるのである。」（『斑鳩の白い道のうえに』）

先行例から学びつつ経験を活かしながら、法隆寺ファミリーの寺々が緊密な関係のうちに次々と建てられていったとみられます。

†法隆寺の新創建を進めたのは誰か（序）

法輪寺が建立され、法隆寺の新創建がなされ、そして法起寺の塔が完成したのは厩戸の子孫全員が集団自死を遂げ、一族が滅亡した後でした。

どういう人たちが建設活動を担ったのだろうか。〝太子コロニー〟の存在が想定されますが、職人集団だけで建物が建つわけではありません。斑鳩周辺の地元豪族の信仰を集めていたことが知られていますが、法隆寺についていえば、規模が規模だけにかなりのテコ入れが外部からあったとみるべきでしょう。

古代寺院の七堂伽藍一式が揃うまでには順調にいって二十年ほどかかるとみられますが、法隆寺の新創建においてはかなり苦労している節がみられ、金堂と塔、そして中門が完成するまでに三十年あまり、全体が揃うまでにはさらに多くの歳月を要しています。残った僧や職人そして信仰者たちの協力が不可欠ですが、その間、断続的にせよ相応の援助があったと考えられます。

資材や労力を調達するに当たって力を発揮したのはどういう人たちだったのか。地元豪族にくわえて、そこに時の権力者、有力者がいたとすればいったい、誰なのか。

それはひとりとは限らないでしょう。さまざまな思惑が交錯し、結果として立場の異なる複数の人物のあいだで引き継がれた可能性もあります。

また単なる援助にとどまるものであったのかどうかも問題になるところです。法隆寺の新創建があえて敷地も伽藍配置もまったく変えた一大プロジェクトであったことを考えるならば、そのイニシアチブはむしろ外部の力にあったと考えるのが自然です。この点を視野に入れて考えてゆく必要があるでしょう。

新生法隆寺の造営盛期に重なる天皇はといえば、天智、そして天武、持統……とつづきます。構想段階から整地工事、そして現・金堂の造営にかけては天智年間に当たる。天智の弟であった天武は国を二分する戦闘の結果、天智の息子・大友皇子を破って即位した天皇でした。世にいう壬申《じんしん》の乱（六七二年）です。天武亡き後はその皇后が継承して持統女帝となるわけですが、藤原不比等と連携し先帝に劣らぬ政治力をふるう。

壬申の乱という激動をはさみ、歴代朝廷と法隆寺のあいだに安定した関係を見いだすことができるのは持統女帝以降のようです。法隆寺の陰のスポンサーとして藤原不比等の名が取り沙汰されていますが、しかし不比等が生まれたのは六五九年。創建法隆寺が炎上した六七〇年当時、まだ十一歳でした。新生法隆寺の構想段階となればさらに年齢は下がる。最初から関わるのはとても無理です。関わりは安定期を迎える途中からでしょう。

太子の子孫を葬り去った勢力がタタリを恐れ、太子の怨霊を封じ込めるために法隆寺を再建したと梅原猛氏は主張していますが、これまでみてきたように中門の真ん中に立つ柱の意味の誤認から議論がはじまっていました。この柱を論拠とする限り、法隆寺は太子の怨霊を封じ込めるために再建されたなどとはいえない。怨霊説をいうのであれば、この柱とは別のところから議論をはじめる必要がありそうです。

「再建」がスタートした時点では聖徳太子の呼び名はなく、厩戸というべきですが、ここでは梅原氏の用語法を踏襲しました。もっとも、梅原氏のいう「再建」の年代そのものが大幅に遅いのですが。

なお、わたしの議論は、太子一族に敵対した勢力ないしその系統が法隆寺新創建に力を発揮した可能性を否定するものではありません。怨霊封じ込めとは関係なく、罪をあがなう、まぬがれたい、シラを切る、あるいはまた、余人には想像もつかないような深謀遠慮から、法隆寺の新創建を推進あるいは援助したことは十分にありうる。人間とは複雑怪奇なものであり、とくに権力をめぐって政治的人間のやることは一筋縄ではいかないものです。この問題については終章でさらに考察をくわえます。

5 謎の柱はビテイコツだった

さて怨霊を吹き払うかのように、列柱回廊に囲われた白砂浄土の聖域は、いつ訪れてもすがすがしく、さわやかです。だれもが受けるそうした印象をもたらすものとして、まずは、回廊と甍階にめぐらされた連子窓が思いつきます。確かにその効果は大きい。それは直接的に作用してきます。
しかし――、それにとどまらず、透明な空気感をもたらす根本的な要因として法隆寺に特有の伽藍配置を忘れるわけにはいきません。

†ヨコ並びの要因――信仰・儀式・伽藍配置

新生法隆寺の伽藍配置の特徴は、それまでタテに連なっていた塔と金堂がヨコに並んだのみならず、あいだにできた空白に中門が直面したことにありました（西院伽藍／配置復元図、33頁）。この配置は創建法隆寺を真っ向から否定しているとしかみえません。まったく性格が違います。

いったい、どういう理由で創建法隆寺とは正反対の伽藍配置になったのか。創建法隆寺や四天王寺に対して、次のような声があがったことは想像に難くない。

「ありがたくも仏さまのいらっしゃる金堂が、なぜ五重塔の陰に隠れているのだろう。金堂もちゃんと見えればいいのに……。」

こうした願望は、従来以上に金堂を重視することから生まれたものです。そして、中門から塔も金堂も両方見えるようにしたい、というのは信仰上の願望にとどまるものではなかった。すでにみてきた繞塔、繞堂、庭儀といった儀礼にみられるように、行事は塔や金堂の中だけで

当初の西院伽藍／透視復元図。中門から正面奥を見る。

なく、むしろ外で行われる場合が多かった。宗教儀式は回廊に囲まれた聖域全体にわたっていたのです。

行事進行の合図は中門からなされ、鉦《しょう》や太鼓が打ち鳴らされました。鉦とは平たい円盤状の金属製打楽器。つまり中門から全体を見通すことは、行事をとどこおりなく進めるための実際上の要求でもあったのです。

信仰上からも、実際上からも切実で具体的な要請を受け、タテに連なっていた塔と金堂が左右に二つ、ヨコに並んだ——。

あいだがぽっかり空いています。幅にして一六メートルほどの空きです。中門からの視線が抜け、聖域の見通しが一気によくなった。視界は開かれ、空間が拡散してゆく。空白が聖域の真ん中にきたこと、これは大変な転換であり発見でした。聖域の様相が一変したのです。

いったん出来上がるや、形成の要因とは関係なく空間は独自の意味を発信しはじめる。とらえどころのない、白砂の空虚——。

虚ろな空白に引き込まれ、まなざしは空間をまさぐる。視界の両側にある二つの建物は互いに引き合うでもなく、しりぞけ合うでもない。
連子の列柱回廊がやわらかく聖域を区切る。その奥、回廊の屋根越しに食堂の大屋根がのぞいている。また回廊の連子窓を通して食堂の一部が透けて見える。食堂は視線を受け止めず、遊泳するまなざしは大屋根にいたり、滑るように上昇して虚空に消えてゆく……。透ける奥行の透明感や抜ける視線のさわやかさは今以上であったはずです。

自然の中で視線が透過し自由に遊泳することは当たり前ですが、伽藍においてそれは画期的な出来事でした。それまで、見るべきところはここだ、ここを見よ、と伽藍がひとを強制していたも同然だったのです。ひとは聖域の圧倒的な秩序に従い、ひれ伏していました。ところが一転して、ひとを強制しない、やわらかく自由な空気が法隆寺の聖域を満たしました。

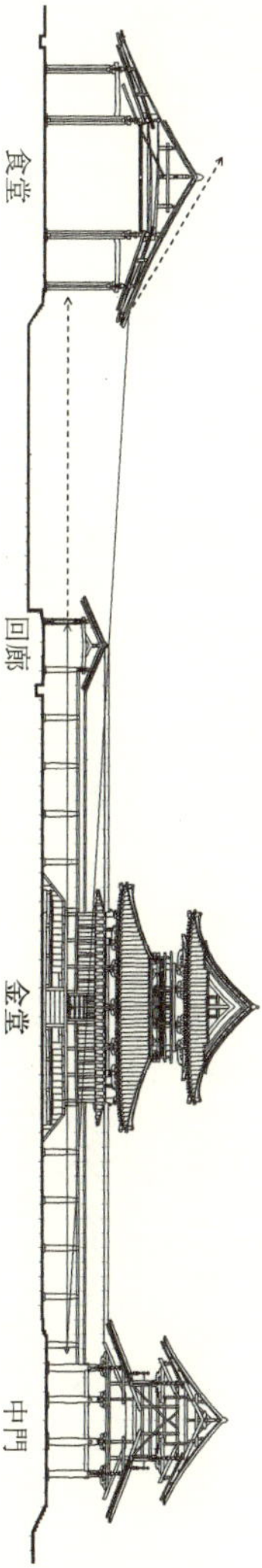

当初の西院伽藍／断面復元図

透明な空気感――。

視界が開かれ、聖域は解放されました。ヨコに並ぶ塔と金堂は聖域に浮遊するかのようです。視線が強制されることもなく、塔と金堂のあいだ、聖域の真ん中にひろがる空白は、まなざしが自由に遊泳する場となりました。

真ん中に実体がない。中心の不在。虚ろな空白。視線は中空を遊泳する。聖域の真ん中に真空地帯が生まれました。まったく新しい空間が誕生したのです。

それは塔と金堂をヨコに並べることからはじまりました。四天王寺にみたような、塔が前面に出て金堂が後ろに隠れるタテ型配置においては、塔が優先されていました。それはとりもなおさず、塔におさめられる舎利が金堂におさめられる仏像より優先されていたことを意味しますが、二つがヨコに並ぶとき、両者は基本的に同格となった。舎利と仏像が信仰において同等の価値をもつようになったことが空間配置からわかります。つまり信仰上の価値観と空間配置が連動し、同時進行で変化したのです。

†突然変異の発生

しかしこうと決まるまで、設計者は大いに悩んだにちがいありません。そのプロセスを想像してみましょう。

――塔と金堂がタテに連なると、視界は塔でふさがれてしまい、金堂がまったく見えない。行事のとき、はなはだ困る。それに全体が把握できず、どこか満たされない……。

――仏舎利をお納めする塔はお釈迦さまのシンボルだ。一方、金堂には厩戸さまと等身大の釈迦像をお納めすることになっている。塔も金堂も等しく扱いたい。金堂も塔といっしょに見えるようにしたい……。

――塔と金堂を二つ、ヨコに並べればそれができる。その中間手前に中門を置けば、中門から視線が通って全体を見通せる……。

――法輪寺では講堂を正面に置かずに回廊の外に出した。聖域の純度が増すし、講堂に視線が過度に集中しないで済む。ただこのとき中門と講堂をむすぶ中軸があいまいになり、まとまりを欠く。法輪寺のように小規模ならともかく法隆寺は大伽藍なのだ。聖域の秩序が破綻しやしないか……。

それまでの四天王寺タイプでは伽藍をつらぬく中軸が唯一絶対の統合基準であり、いわば背骨として機能していました。法輪寺の伽藍配置は背骨を抜いたことになり、これを規模の大きい法隆寺にそのまま適用するにはリスクがあった。設計者は聖域空間の新たな可能性を見いだしたと同時に、秩序崩壊の大きな不安も抱いたと思われます。

先にふれた山田寺の伽藍配置を側面から眺め直すなどして、周到に検討したことでしょう。

また法輪寺はモデルとして強力なスプリングボードになったと思われます。中軸に頼らない大規模伽藍の新しいあり方が模索されました。しかしタテをヨコに転換し正面奥に建物を置かないとき、それまで強力に伽藍を支配していた中軸が消えてしまう。それはやはり不安だ。

そこで大規模伽藍の秩序を担保するものとして、中軸を部分的にせよ実体として残したのではないか。それこそが巨大な中門の真ん中に連なる四本の柱だった。

それはこれまでみてきたように、中門を二つのゾーンに分け、それぞれを塔、金堂への祈りの場とするとともに、聖域への入口と出口となり、めぐる作法にも合致したのです。

この変化を聖域進化のプロセスととらえてみましょう。聖域の中軸を背骨にたとえれば、法隆寺では背骨が消えて端部のビテイコツが残った。それが中門の真ん中、タテに連なる四本の柱にあたる。局面は異なりますが、サルからヒトへの進化のなかでシッポは消えてもなごりとしてビテイコツが残ったようなものでしょうか。

伽藍配置がタテからヨコに変異する際、これにともなうリスクを回避するための措置がビテイコツだった。周到な配慮というべきでしょう。第一章でみたように最初、中門に立ったとき、そのヴォリューム感と、中軸上タテに連なる四本の柱がつくる奥行の深さに感じ入りました。そこには塔と金堂を束ねて聖域を統一するとともに、ビテイコツをしっかり残す意味もあったわけです。

中門の真ん中にタテ約八・五メートルにわたって連なる四本の柱は、聖域全体を統合するはずの中軸の不在を補うものでした。隠れた中軸が聖域に仕込まれたのです。設計に関わった者のみが知る隠れた秩序だったといえましょう。料理でいえば〝隠し味〟です。これがまさに物議をかもしてきた謎の柱の正体でした。

背骨としての中軸が聖域全体をつらぬいて強力に支配する体制から、こうして法隆寺は離脱したのです。

生物学に突然変異という用語があります。親の遺伝子にないものが子に出ることですが、大陸直輸入の伽藍を親とすれば、子である新生法隆寺において突然変異が起きたといえるでしょう。塔、金堂のタテ型配置をヨコ型配置に転換して周到な配慮を加えたとき、親になかった新たな資質が生まれました。それは進化のプロセスにおける画期的な事態でした。進化は後戻りしないといわれますが事実、古代において法隆寺の新創建以降、タテ型配置の伽藍が新たに脚光を浴びることはなかった。

†隠れた中軸——ビテイコツの効用

法隆寺の伽藍配置はそれまでにない空間の特質を獲得しましたが同時に、不安定な要素をもかかえ込んだのでした。大きさも形も異なる建物を、空白をはさんで左右二つヨコに並べるとき、統一とバランスをとるのはきわめて困難であり、慎重な配慮が求められます。そこにビテイコツをのこす意味があった。つまり中門の真ん中に連なる柱がなければ中軸は消失し、聖域は漠然とした印象になったでしょう。隠れた中軸に実体的根拠を与えたのがタテに連なる四本の柱でした。

しかし、まだ安心できません。伽藍配置が決まった後も建物相互間の距離を的確に決めてゆく必要があります。とくにこの型の配置の場合、しくじるとバランスが悪いだけでなく、散漫な印象になってしまいます。逆に窮屈な印象になってしまう場合もあります。伽藍配置は異なりますが、飛鳥寺にはややその感がありました。建物相互間の距離を入念に調整しておかないと取り返しがつかないことになってしまいます。これを決めるに際し、中門真ん中のビテイコツから発する、隠れた中軸が確かな基準となりました。

——隠れた中軸ラインから塔と金堂の外壁までの距離を等しくとる。

——隠れた中軸ラインから塔の中心までを中門・回廊の柱間の数にして四、金堂の中心までを五とする。

中門の柱間は均等でなく、また回廊の柱間寸法三・七メートルとも異なるので、塔と金堂それぞれの中心までの距離は整数比になりませんが、四対五に近く左右均等ではない。平面図だけ見ると右の金堂にウェートがかかっているように見えますが、塔は高いですから立体として

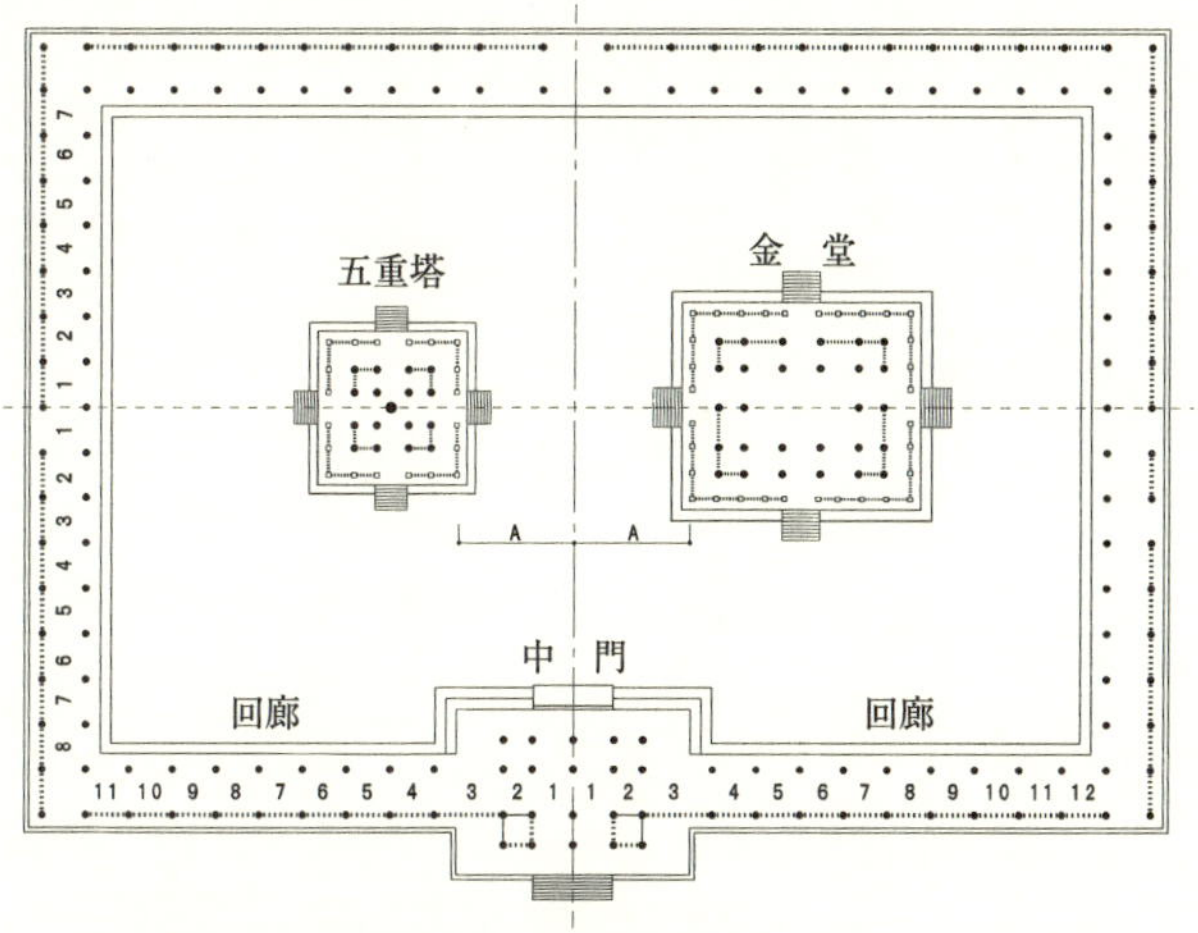

当初の西院伽藍／配置分析図。中門真ん中の柱列を基準とし、また回廊の柱間が単位となって聖域を秩序づけている。

視覚的なバランスがとれている。中軸に支点を置き、両腕を伸ばしたヤジロベエのような視覚の力学が成り立っています。ビテイコツから発する隠れた中軸ラインを基準として、左右のバランスをとっているのです。

――左右に伸びる列柱回廊が聖域に面する腕の長さを、柱間の数にしてビテイコツから左に十一、右に十二とする。

右の方の腕が長いのは、金堂の底面積ひいてはヴォリュームが大きいのに配慮してのことです。ここでも左右の関係は、ビテイコツに発する、隠れた中軸を基準として決められています。

さて、ヨコ（東西）に並ぶ塔と金堂二つの中心を通るラインを引いてみると、側面回廊の柱を通ります。これを〃隠れた副軸〃と呼ぶことにします。じつはこの軸を介して前後が均等ではなく、比率を変えることによってバランスがとられています。

――隠れた副軸から手前（南）の回廊までが柱間の数にして八、奥（北）の回廊までが七、つまり八対七とする。

左右だけでなく、前後の関係も均等でない。後ろよりも前方の空きを大きくしています。入ってきたひとをなるべく圧迫しないよう、塔や金堂が後方に下がり、中門からの引きをとるよう配慮している。

このように聖域空間には前後左右、全域にわたって調整の網の目が張りめぐらされています。その起点がビテイコツであり、計測単位は回廊の柱間でした。

塔と金堂のヨコ並び配置がもたらしかねない不安定感を抑えようと、目には見えない秘術の限りを尽くしている。ビテイコツは、ややもすると遊離しがちな塔と金堂を聖域につなぎとめる錨《いかり》の役割を担っていたのです。先にみたように、その効果にも限度があったのですが。

個々の建物は軸によって支配されるのではなく、互いのバランスを図りながらゆるやかに全体を形成するようになった。静的秩序から動的均衡への転換ともいえるでしょう。しかし、そこにはしっかりと〃錨〃が仕込まれていたのです。

このように全体にわたって統一的な設計が綿密になされていることからしても、法隆寺の新創建は決してなりゆきで進んだものではなく、しっかりとした構想に基く全体の設計があり、それを踏まえて工事がなされたことがうかがえます。いま配置についてみましたが、個々の建物についても全体的見地からバランスが図られています。

第一章でみた金堂、中門、五重塔におけるエンタシスの使い分けにもそれはあきらかですし、また個々の部材寸法のとり方についても同様のことが指摘されています。伽藍配置から個々の建物にいたるまできわめて緻密な設計がなされていたのです。

伊勢別宮•月読宮の古殿地。心柱を保護する覆屋が奥に見える。

1 タテとヨコ、南北と東西

塔と金堂がヨコに並ぶのは、じつは、法隆寺ファミリーが最初ではありませんでした。法隆寺での突然変異に先行する段階があったのです。

†ヨコ並び配置は天皇の寺からはじまった

もっとも早いヨコ並びとして百済大寺《くだらのおおでら》がありました。近年発掘され、かなり様子が見えてきた注目すべき遺跡です。天の香具山の東北に当たり、蘇我氏が権勢をふるう飛鳥とは香具山をはさんで対峙する位置関係にあります。

それは六三九年、舒明天皇の発願により建てられた天皇家最初の寺でした。第一章で紹介した、あの有名な国見の歌を詠んだ天皇です。しかし造営が始まってわずか二年後に舒明天皇は没してしまう。先帝亡き後、皇后が即位して皇極天皇となり造営は引き継がれました。

金堂と塔がともに南を向いて東西に並び立つ。塔は基壇の大きさから日本書紀にあるとおり九重塔だったと判断されます。金堂の基壇面積は法隆寺金堂の三倍ほどあり、空前の巨大さでした。回廊に囲われた聖域も広大で、その幅が一五六メートルあまりと法隆寺の一・七倍もありました。まさに天皇の寺ならではの規模を誇っていたのです。

　さらに驚くべきことに中門の跡が塔と金堂の中間ゾーンではなく金堂の前、しかも金堂の中心をはずれた位置から出てきました。聖域全体を統合する中軸が見当たらないのです。講堂についてもはっきりしないのですが、おそらく回廊の外に出ていたと考えられます。

　二〇〇五年の夏も終わろうという日、執筆の合間をぬって現地を訪れてみました。発掘現場はすでに埋め戻され、吉《き》備《び》池《いけ》とよばれる大きな溜池が何事もなかったかのように静まり返っていた。周囲に田畑がひろがり、時折り、近くの製材所から金属的なうなり音が聞こえてくる。

　百済大寺はいま、再びの眠りについている。ここに九重塔が……、当時の様子を想い浮かべようにも視線は虚空をさ迷うばかりでした。

　発掘跡からの帰り道、最寄りの香久山駅まで歩きながら、ふと空想が脳裏を横切りました。当時、主流であった四天王寺タイプの配置案が天皇にまず提案されたのではないか。二年遅れて着工した山田寺は氏寺ですが、やはりこのタイプだった。以下は想像上の問答です。

「天皇となって十年を超えた今、並ぶものなき大寺を建立し、天皇の権威を余すことなく示そう。とにかく蘇我氏の飛鳥寺より数段、壮大な寺にする」

――天皇家には建築に関して相当高い意識がありました。時代はさかのぼりますが五世紀末、時の天皇は豪族の館が天皇の宮殿に似ているのを見て激怒し、焼き払おうとしたと伝えられます。史実かどうかは別にして、少なくとも差別化の意識が強かったことがうかがえます。

「それでは飛鳥寺をはるかにしのぐ規模で、斑鳩寺——創建法隆寺はそうよばれていた——や四天王寺のような配置ではいかがでしょうか」

「飛鳥寺と違うのは大いに結構だが、斑鳩寺にしても四天王寺にしても、どうもしっくりこない。出来た当初は伽藍とはこのようなものか、すごいものだと思ってもみたが、百済からもってきたという伽藍配置は、どこか取り付く島がなく、固い雰囲気で違和感を覚える。蘇我氏や厩戸一族などが盛んに寺を建てているが、これはわが天皇家初の寺なのだ。今までにない規模、今までにない壮麗な伽藍を造りたいのだ。第一、かれらの寺では金堂が塔の陰に隠れて中門からまったく見えない。あれはおもしろくない」

「塔と金堂を左右、つまりヨコに並べればそのようなことはなくなりますが……」

「そうか、それがよい。それからもうひとつ大事なことがある。飛鳥寺では建物が建て込んでいる印象がぬぐえない。もっとゆとりがもてぬものか。それにあの空間の狭さでは大きな催しもできぬ。建物のまわりに空間を大きくとって、のびのびとした造りにしてくれ。大勢を集め、盛大に催しをやりたいのだ」

「かしこまりました……」

以上のようなやりとりがあったかどうかは無論わかりませんが、造る側にはこれに近い思考過程があったのではないかと思われます。出来合いの形式をただ単に当てがったとは考えられません。それほどユニークな配置をしているのです。さらに発掘が進めば、講堂の位置をふくめ新たな事実が見えてくるはずですが、塔の前にも中門があった、つまり塔と金堂それぞれの前に計二つの中門があったとみる、奈良文化財研究所による興味深い復元案があります。

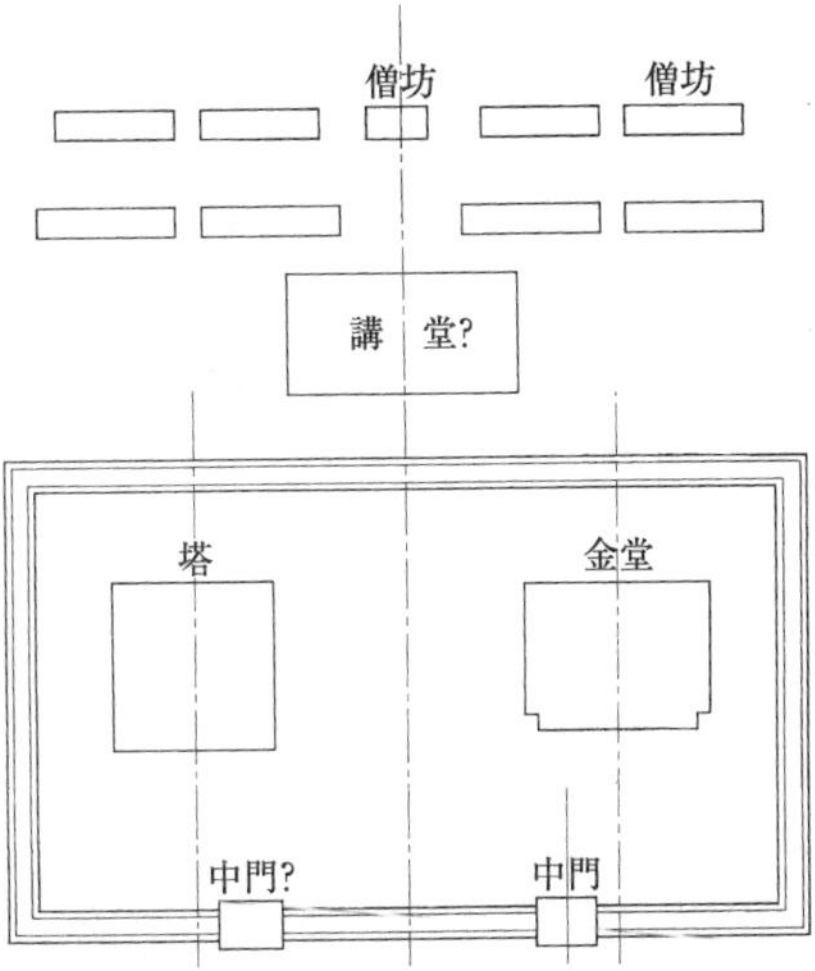

百済大寺／配置復元図（箱崎和久による）（奈良文化財研究所編『大和吉備池廃寺——百済大寺跡』吉川弘文館）

ヨコに並ぶ塔と金堂がそれぞれ門をもつ先行例（つまり百済大寺）があったとすれば、法隆寺の中門は二つの門をひとつにまとめたものと解釈できます。百済大寺では金堂の中心より門を塔側に寄せていますが、ひとつの門にまとまろうとする兆しとも見え、法隆寺の中門を予見させます。前章で紹介した従来説のうち、（一）の説がリアリティをもってきます。

神社において複数の社殿がヨコ一線に並び、それぞれ鳥居をもつケースがよくあることはすでに前章でみました。この復元案にならえば百済大寺はそれの仏教伽藍版ともいえ、ヨコ並びは神社、寺院のカテゴリーを超えて日本建築に共通する特徴として興味深い。

日本列島では初め、自然そのものをまつっていたのですが、伽藍建築に刺激されて神社建築が建てられるようになりました。しかし突出することを避け、ヨコ並びを好む心性は仏教伝来のずっと前から列島において培われていたのではないかと思われます。そして今日にいたるまで連綿とつづいている……。

すでにみてきましたように、法隆寺の中門は真ん中に柱を立てることによって二つの口をつくるものでした。それが二つの門をひとつにまとめるものだったとすれば、なぜそのようなことになったのか。塔、金堂のそれぞれに門を与えず、なぜ、ひとつにまとめたのか。

その答はこれまで語ってきたことのなかにあります。存在感あふれる巨大な中門、その真ん中に立つ柱には二つの口をつくると同時に、前章でみたような隠れた役割がありました。それはまさに一石二鳥の策だったわけです。

†タテとヨコ、南北と東西――川原寺の場合

百済大寺につづくヨコ並びの大伽藍として川原寺がありました。造営に至る経緯をたどって

みましょう。

舒明の後を継いだ皇極は息子の中大兄皇子が起こした政変（大化の改新、六四五年）を機に退位しますが、その後、再び皇位につき斉明《さいめい》天皇となる。その晩年に朝鮮半島有事の事態が発生し、老齢の女帝は九州・筑紫に陣を張ったが急死。遺体は飛鳥に移送され、葬儀が飛鳥川のほとりの川原宮でとり行われた。その宮跡に中大兄＝天智（称制《しょうせい》）天皇が先帝であった母のために川原寺を創建した、というのが由来です。

川原寺は伽藍配置の面だけでなく、創建者の血脈も百済大寺に連なっていることがわかります。なお称制とは、即位の儀式を経ずして実質的に天皇としてふるまう状態をいいます。

造営の着手は六六〇年代前半とみられます。現在、小さな寺が建っていますが、かつては大伽藍がそびえていたのです。

意外なことに川原寺には金堂が二つありました。中門（南）から見て正面奥（北）に中《ちゅう》金堂が配置され、中軸が南北に通る。西《さい》金堂と五重塔が左右（西・東）に並び、西金堂は塔に正面を向ける。これら二棟を囲む列柱回廊が中金堂に取り付きます。つまり、回廊に囲まれた聖域には一塔二金堂、計三つの焦点がありました。

図形の証明問題ではありませんが、伽藍を南北につらぬく中軸に直交する補助線を挿入してみると配置の全体が一気に読めてきます。

つまり西金堂と塔の中心をむすぶ東西の軸線——いわば副軸——を想定すると、これが中軸と拮抗し、互いに直交する二軸が全体を組織付けていることがわかります。この想定を跡づけるかのように事実、塔は東西軸にのって東面と西面に階段をもっていた。南面と北面に階段はなかったのです。

寺域の境界には南大門と東大門がありました。南大門は中門の手前にあり、南北に走る伽藍の中軸にのります。そしてなんと東大門は、正門であるはずの南大門より大きかったのです。当時、川原寺の東側には大通りが南北に走っていたと考えられ、これに東大門が対していたのでしょう。

それならば、なぜ中軸をこの大通りと関係づけなかったのかと思われるでしょうが——川原寺の南にある橘寺は東西に中軸をもち、実際、大通りに直面していたと考えられます——、伽藍が南面し中軸を南北にとることは中国伝来の大原則だったのです。

川原寺を取り巻くこうした敷地条件から、大通りのある東からのアプローチが求められたとみられ、南大門より大きい東大門がこれに向いていたのです。大通りから見ると東西にはしる副軸が中軸であるかのように映り、塔と金堂がタテに連なる四天王寺と似た様相を呈します。

このように川原寺では中軸と副軸が組み合わされることによって、敷地の周辺状況に巧みに適応していました。舒明の息子、中大兄＝天智の主導による川原寺は百済大寺に見られたヨコ型の伽藍配置にタテ型を組み合わせたユニークな構成をもっていました。それはまた大陸伝来の南北軸（中軸）に拮抗して東西軸を副軸として導入するものでもあった。三つの焦点をもつのもユニークです。

複雑な形成要因をもつ川原寺でしたが、出来てみるとかなり満足のいくものだったらしく、このタイプは天智が遷都した大津京の伽藍などにも適用されました。

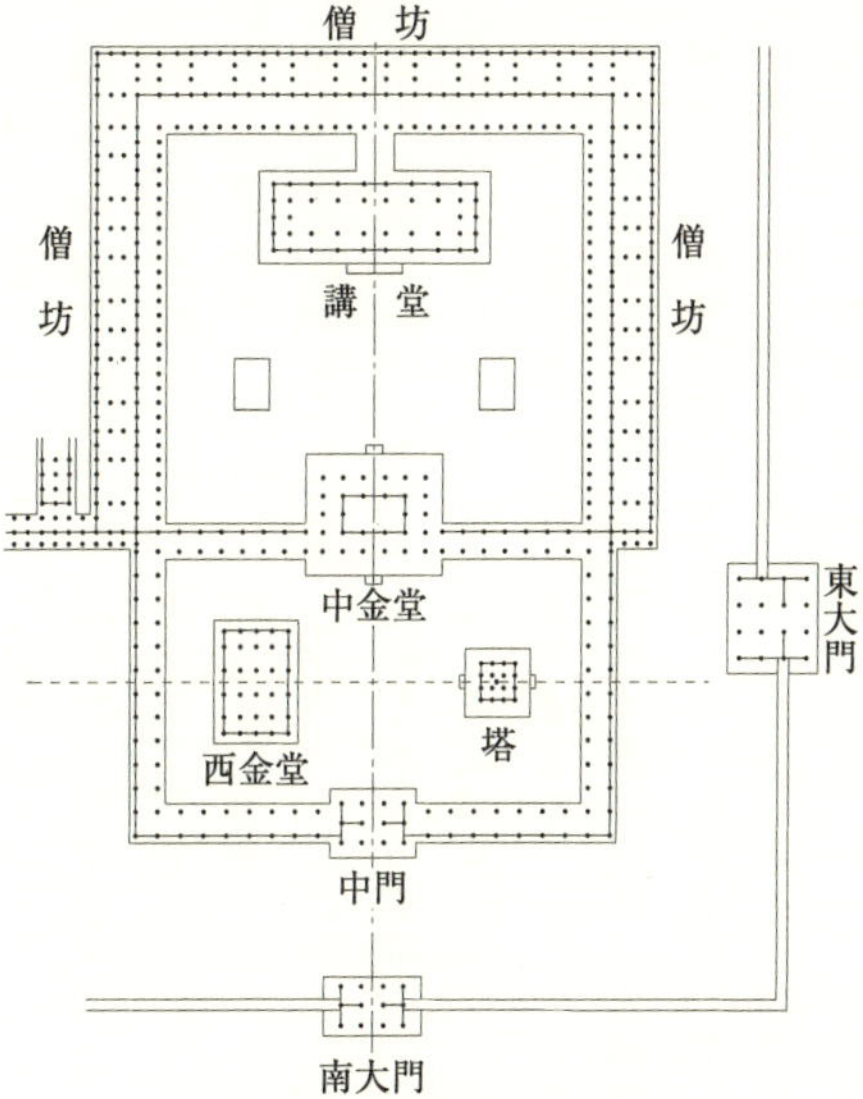

飛鳥・川原寺／配置復元図

†水平性へ——ヨコ並びのもつ意味（その一）

塔と金堂がタテ一列に連なる伽藍配置の場合、正規のアプローチから見えるのは高い塔と足元の中門、そして低い回廊の短辺だけです。強烈な垂直性が支配する構図です。大陸直輸入の伽藍配置はこのように垂直性を強調するものでした。当初は驚きと賞讃の的となりましたが、やがて人びとはどこか何か違うと感じはじめたのではないか。

古来、列島に住む人びとはおだやかで変化にとんだ風土に馴れ親しんできました。視界にはつねに山並が近くにあり、ときに雲に隠れる。よく霧が発生し、また靄がかかる。飛鳥・奈良時代、伽藍の多くは低山に囲まれた盆地に建てられました。

変化にとむ山並みを背景とするとき、高さより安定が求められるようになる。それがおのずと落ち着き、やすらぎをもたらす水平性の構図へと向かう。こうして建築は高さより水平に伸びることを求めるようになり、それは横長のプロポーションに帰着します。建築と自然景観をトータルに把握する感性がありました。

大陸の建築とくらべ庇《ひさし》が大きく張り出すのも特徴です。雨が多いことも一因ですが、それだけではなく屋根のたおやかな反り、軒下の深い影がつくり出す軒の水平線の美しさが好まれたのです。これも風景との一体化をもたらすものでした。確かに高い塔も建ちますが、それは水平的景観に対するいわばアクセントであり、それ以上のものではなかった。

そして垂直性が求められる場合ですら、日本にあっては五重塔にみるように深い軒の出が幾重にも重ねられ、水平性が強調される。第二章でみたように日本の塔は中国の楼閣建築をベースにしていましたが、軒の出はくらべものにならないほど大きいのです。

配置においても同様の傾向がみられます。ヨコ並びの伽藍配置では水平性が支配します。塔と金堂、二つの建物がヨコ一線に並び、足元には回廊の長辺が伸びる構図だからです。塔は構図のなかでひとつの要素にとどまります。タテ一列の場合と比較すれば、全体として水平的であることはあきらかでしょう。ここには列島に住む人びとがもとからもっていた水平志向が反映しているように思われるのです。

†東西軸の蘇生――ヨコ並びのもつ意味（その二）

現代の日本では日当たり願望が強く南がもっとも意識されますが、歴史をさかのぼると東西、とくに東への意識が強かった。厩戸が遣隋使に持たせたとされる国書が、

「日出ヅル処ノ天子、書ヲ日没スル処ノ天子ニ致ス……」

からはじまっていたことはよく知られています。日の出と日没によって東と西が示されている。日の運行によって方位が規定されるのは当たり前のように感じますが、大陸では必ずしもそうではなかったようです。

闇をつらぬいて東から光が射し込む時、世界が現れ一日がはじまる――。東は世界が生まれる根源として特別の意味をもっていた。縄文時代にさかのぼると、三内丸山の遺跡に見られる巨大な柱列では、夏至における日の出の方角、そして冬至における日没の方角が意識されていた可能性があります。同じく縄文遺跡の秋田県・大湯環状列石では、夏至における日没の方角

との関係が指摘されています。それは冬至における日の出の方角と同じ軸線上にあります。日出づる処と日没する処は、はるか昔から意識されていたとみていいようです。日の出も日没も、冬至—春分—夏至—秋分—冬至……と場所と方角を変えます。したがって東西は絶対的というより相対的であり、意識のなかでゆれていたといえるでしょう。

そして名だたる神社も東西軸にのっていました。奈良盆地の東の縁にある大神《おおみわ》神社は本殿をもたず、神社のはじまりの姿を今に伝えて貴重です。ひとは東に向き、拝殿から神体山の三輪山を拝みます。盆地の底をはさんで、西の対面には雄岳、雌岳と二つの峰をもつ二上山がある。

三輪山から日が昇り、そして二上山の二つの峰のあいだに日が没するのを目撃したくて彼岸の中日、現地を訪れました。夕方から晴れ、真っ赤な夕焼けを背景にして二つの峰のあいだ、うるうると沈みゆく大きな黄金の玉をしかとこの目で見、一瞬の官能と至福のうちに東西軸が盆地の空間を支配していることを実感したのでした。

仏教が伝来して後、西方極楽浄土の信仰がひろまると、二上山は山越しに阿弥陀仏が現れる場所としてさらに注目を集めます。このようにして在来信仰と仏教が重なり、コスモロジーは厚みをましてゆく。

日の出、日の入りは山並み、地平線など地上世界との接点で起きます。そこが東西の目印になる。それはひとの立っている地面の延長上にあり、視線は水平的です。地続きの感覚をともなう点で東西軸はひとにとって地上のものであり、水平性が強い。平面的ともいえる。こうしたことはそうと意識せずとも生活のなかで自然と沁みつき、共通の感覚になってゆく。それがベースとなり、スケールを超えて建築にも反映してくる。

大陸は広大であるだけに地形は多様ですが、列島と対比される典型的な風景を挙げるとすれば見渡すかぎりの大地でしょう。たとえば岡倉天心は中国大陸に初めて立った時の印象を日記にこう書きのこしています。

「四顧茫々《ぼうぼう》平原万里」

東西南北どこを見てもとらえどころがなく、平原が万里の彼方までひろがっているというのです。旅をつづけるうち、やがて天心は北方中国と南方中国の違いに気づく。つまりこの印象は北方的というべきなのですが、列島と対比するなら大陸の特質をいい当てているといえるでしょう。視線は無限の空間をつらぬき、地平線の彼方に消える。高い山並みが見えても、それはかげろうのようにはるか遠くに浮かんでいる。このような茫漠としたひろがりの中では確かな拠りどころ、明確な定点が求められ、際立つこと、高さ、垂直性への希求を生む。

天には無限の蒼穹がひろがり、日が没すれば満天の星が輝く。中国では古来、つねに北の空の高みで位置を変えない北極星を天の中心にすえ、絶対の基準としていました。そこにあいまいさが入る余地はありません。仏教が入る前からあった中国伝統の方位観です。北極星が至高の基準であり、対極の南において太陽はもっとも高度を上げる。

地上から見て南北軸はつねに空の高みとセットになっており――日頃そう意識的なわけではないですが――、そこには高さの次元、垂直の次元が含まれます。東西軸が地上的であるのに対し南北軸は天空的といえます。ひとの意識のなかで東西軸と南北軸は立体交差をしているともいえる。

東西南北のこうしたコスモロジーは伽藍にも反映されます。南北が支配的なコスモロジーに生きるひとたちにとって南北、タテに連なる伽藍配置が自然であり、それは垂直的な構図をとりました。前章でみた飛鳥・奈良時代の伽藍がおしなべて南北軸をとっている根底に中国土着のコスモロジーがあったとすれば、仏教の名の下に、本来仏教とは無縁であったものが入ってきたことになる。仏教の生まれたインドでは、中国におけるほどには南北軸が強調されないといえるのです。文化の伝播とはこのように入りまじるものなのでしょう。

星を方位の基準とするのは霧や靄や雲の多い湿潤な日本列島では無理があったと思われますが、北を至高の方位とし、三方を山に囲まれ南に開くことを理想とする中国の地理思想の影響を受け、藤原京、平城京、平安京と、いずれの都市も南北を基軸として計画されたことは第一章でふれたとおりです。

しかし、かつての奈良盆地は東西を基本とするコスモロジーに浸されていました。その証しは先にみた以外にも残っています。東大寺に隣り合う春日大社本殿は南に向いていますが、同じ神域にある若宮社は東西軸にのっています。今も原始林を残す春日山一帯の神域はもともと東西方向を基本とし、人びとは東に向かって神体山である春日山を拝していた。南北を基軸として平城京が建設され、東大寺も春日大社もそれに合わせていますが、若宮社は時代がくだるにもかかわらず、かつての慣習を伝えています。

話をまとめましょう。南北タテ一列に連なる伽藍配置が中国から朝鮮半島を経由して入ってきましたが、それを正面から見ると垂直的な構図になる。これに対し、東西ヨコ並びの伽藍配置は水平的な構図を示す。ここには日本列島に住む人びとがもっていた安定志向が表れています。

南北に中軸をとるという中国伝来の大原則に対し、古来、列島で尊重されていた東西軸がヨコ並び配置としてよみがえったともみられます。四天王寺に代表されるタテ一列から新生法隆寺のようなヨコ並びに移った要因には、垂直的構図から水平的構図への転換、そして伝統的空間意識に基づく東西軸の蘇生があったといえるでしょう。

†ヨコ並びの二つのタイプ――向き合う関係と並び立つ関係

法隆寺では塔と金堂がともに中門側を向いていますが、同じヨコ並びでも塔と金堂が向き合う場合があります。先にみた川原寺もその例ですが、金堂が二つある点で変則的でした。互いに向き合う典型例として九州は太宰府の観世音寺《かんぜおんじ》と、東北は仙台に近い多賀城《たがじょう》廃寺がありました。造営の着手はいずれも川原寺以後です。

観世音寺は天智天皇の発願によるといわれます。筑紫に遠征してたおれた母・斉明女帝を供養するためでした。血統からも伽藍配置の系譜からも川原寺と共通しています。現地を訪れてみましたが、当初の配置を確認するのは無理な状態でした。一方、多賀城は朝廷が東北地方に支配を拡げる際の根拠地となったところです。そこにあった寺は観音寺とよばれていたようですが、その伽藍配置は太宰府の観世音寺にならったとみられます。

初夏の日曜日、多賀城を訪れました。杉や松がまばらな林の中にぽっかりと空地がひろがり、そこが廃寺跡でした。

中門跡に立ってみる。正面奥に講堂跡が認められ、中門からのびる中軸ラインがすぐ読み取れます。中軸を介して左右（西・東）に金堂跡と三重塔跡がある。礎石の配列を見ると金堂は正面を中門に向けるのではなく、塔に向けていたことがわかります。金堂の本尊が塔を仰ぎ拝む関係になっている。回廊に囲まれた聖域に塔と金堂そして講堂と、三つの焦点がありました。

その足で近くの東北歴史博物館に立ち寄り、多賀城廃寺の復元模型を見た。形の異なる金堂と塔ですが、互いに向き合い、拝し拝される関係が見えない絆を生んでいるように感じられます。知らず知らずのうちに建物が擬人化され、模型をとおしてでも両者のあいだに親密な雰囲気がただよう。しかし建物どうしで関係が完結している感があり、ひとを迎える姿勢にとぼしい。

正面奥の突当りにある講堂が焦点となって中門からの視線を受け止め、塔と向き合う金堂の長辺（正面）が奥行方向を強調します。その分、中軸がはっきりと感じ取られ視覚的にも座りがいいのですが、ひとと金堂、ひとと塔との対話はやはり生まれにくい印象です。金堂と塔はいわば〝見つめ合う〟ペアの関係にある。

互いに結び合って完結している塔と金堂をひとが拝むことになるのですが、どこかその中に入ってゆきにくいものを感じてしまう。この印象は川原寺や観世音寺にも共通していたはずです（川原寺／配置復元図、211頁）。

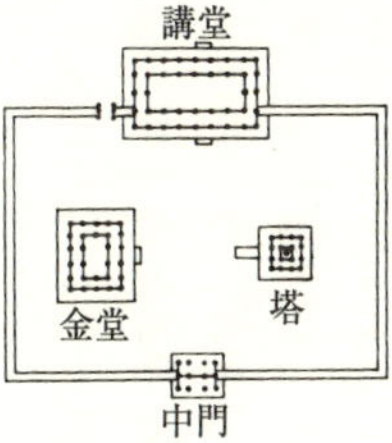

宮城・多賀城廃寺／配置復元図（『日本古寺美術全集 第二巻』集英社）

法隆寺では塔と金堂がそれぞれ中門側に正面を向けて並び立ちます。塔と金堂はそれぞれ独立し、中門から入ってくるひとに向かって顔を向ける。ここにはひとを迎え入れる姿勢があります。並び立つとき、塔と金堂は同じ方向を見る〝同志〟の関係にあるといえます。向き合って互いを拘束する緊密な関係ではなく、個の自由度がました、ゆるい関係です。

川原寺では中金堂、観世音寺や多賀城廃寺では講堂ですが、中門に正対する大きな建物がありました。これと中門をむすんで伽藍全体を串刺しにする確かな中軸があった。中門から正面奥の建物を見るとき視線は中軸と重なり、これが回廊に囲まれた聖域の空間を統一する。

ところが法隆寺は中門に正対する大きな建物を回廊の外に出しました。視線を直接受け止めるものがなくなったのです。法隆寺は確かな中軸をみずから放棄し、その痕跡として中門の真ん中に柱を残したことをすでに前章で見ました。これは塔と金堂がゆるい相互関係のもとに並び立つことと表裏一体のことでした。

2 血統と流儀、そして新創建を進めたのは誰か

†豪族と天皇——タテとヨコ、二つの系譜

これまで述べてきましたように、塔・金堂のヨコ並び配置の系譜は百済大寺にはじまり川原寺を経て新生法隆寺にいたった。百済大寺は天皇みずから建立した最初の寺として記念碑的な存在でした。これに先んじて飛鳥寺、創建法隆寺、四天王寺などがありましたが、いずれも有

力豪族による氏寺（私寺）だったのです。もっとも飛鳥寺の場合、建立した蘇我氏の権勢が朝廷においてあまりに強大であったため、国家的性格をもちあわせていましたが。

朝廷に百済の王から仏像や経典がもたらされ、仏教が公式に伝えられたのが六世紀半ば。以来、仏教導入をめぐって有力豪族のあいだでのっぴきならない抗争がつづいた。在来の神々をまつる存在である天皇の下で軍事を担っていた物部氏にとって、仏教導入は古来の神々を脅かすものであり、同時に既存の秩序、ひいては自分たちの権益に対する挑戦と映った。

一方、新興の蘇我氏は国際スタンダードである仏教を導入することが国益になると主張し、これをテコに勢力拡大を図る。そして代々の天皇はといえば、祭祀者としての立場から仏教導入には概して消極的だったが、判断がゆれる。ようやくにして導入の意向を示すものの、結論は臣下たちに任せて模様眺めを決め込む。皇位継承問題が契機となって、ついに蘇我対物部の激しい戦闘にいたり、その結果、蘇我氏が勝利をおさめて事態が落ち着いた――、というのが日本書紀をベースとした仏教導入のあらましといっていいでしょう。

そこで建立されたのが数々の氏寺だった。七世紀前半、推古朝末期でその数四十六を数え、その後も続々と増えていったのです。

伽藍の美と荘厳のさまは人びとを圧倒したことでしょう。豪族たちによる伽藍建立の華々しさは天皇にとって、もはや座視できないところにまできていたと思われます。それらを上回る、天皇の権威を示すことがぜひとも必要になってきたのではないか。それでようやく天皇の出番となったのでしょう。仏教伝来から百年、わが国初の仏教伽藍・飛鳥寺から四十年あまり。それにしても遅い出番です。

古来の神々をまつる者として外来宗教に抵抗感もあった。しかし物部氏の滅亡後、勢いづいた蘇我一族の隆盛ぶりにアタマを切り替え、これを抑え込むべく、ならばと、満を持しての伽藍建立だったのでしょう。それだけに、天皇の優位を目に見えるかたちで余すことなく示す必要があった。既存の氏寺をはるかに圧倒する規模、そしてこれまでにない、まったく新しい伽藍の美と荘厳こそが求められた。

厩戸創建の法隆寺や四天王寺、そして百済大寺に少し遅れて着工した山田寺をふくめ、有力豪族の氏寺はおしなべて大陸伝来のタテ型伽藍配置でした。これに対し、天皇の大寺は決してこのタイプの配置をとらなかったのです。これは伽藍配置を考える上で重要なポイントと思われます。

天皇の寺として百済大寺につづいたのが川原寺ですが、先にみたようにこれも変則的ながらヨコ並び配置をとっていた。発願者は舒明天皇・斉明女帝の息子である天智（称制）天皇でした。天智の新しい都・大津京に建立された朝廷の寺もこのタイプだった。

同じくヨコ並び配置を示す太宰府の観世音寺も天智の発願といわれます。観世音寺と同一の伽藍配置をもつ多賀城廃寺もまた朝廷直轄の寺院でした。

このように天皇直属ないし系列下の寺院が、舒明から天智につらなる初期段階で、いずれも塔と金堂がヨコに並ぶ配置をとっていたのです。この伽藍配置の系譜は天皇家の血統から生まれ出ました。それが厩戸をまつる新生法隆寺に飛び火した格好です。逆にいえば、法隆寺は天皇家の伽藍配置の系譜に組み入れられたのです。

†血統と伽藍配置の系譜

注目すべきは、天皇家初の寺の発願をした舒明が厩戸の息子・山背大兄皇子をしりぞけて即位した天皇であったことです。舒明の後、皇后が即位し皇極の代となりましたが、山背大兄は父・厩戸の高まる名声と人脈を背景になお皇位をうかがっていました。しかし蘇我入鹿《いるか》によって死に追い込まれてしまう。厩戸にはじまる一族は書紀にもあるように蘇我の出ですから、このかぎりでは身内の隆盛をねたんだ内紛といえます。
舒明―皇極―孝徳―斉明（皇極の再登板）―天智とつづいた天皇の血統は、皇位継承をめぐって厩戸―山背大兄の血統と対立する関係にありました。それにもかかわらず、厩戸をまつる新生法隆寺は舒明からはじまるヨコ並び型配置の系譜を引き継ぎ、見事なまでにこの系譜を完成させています。伽藍配置の系譜が対立する血統に乗り移ったことになる。これは大変興味深いことではないか。

ここで発願者の血統と伽藍配置の系譜の関係を考えてみたい。

今日、血統と流儀の関係が生きているのはお茶や生け花、そして能・狂言、歌舞伎など伝統芸能ぐらいでしょう。合理的な考え方からすると両者は無関係とみなされますが、当時ではどうであったか。固定的なものではないにしても、血統ないしは家系と流儀――この場合は伽藍配置――のあいだに、無視しえない関係がなかっただろうか。

†天皇家が打ち出した新しいコスモロジー表現

局面は異なりますが舒明にはじまり、皇后であった皇極（斉明）、二人のあいだの息子・天智、その弟・天武、その皇后であり天智の娘であった持統、天武・持統の孫・文武《もんむ》とつづいた天皇の血統は、同じ形式の古墳――八角形墳墓――に葬られているとみられます。即位が期待されながら病没した天武・持統の息子、草壁皇子も同様です。

血統、家系には流儀というものがある。地位が高ければ高いほど厳然とあり、天皇家においてそれが脈々と流れていたことがわかります。

古墳の終末期において突如、花開いた八角形の古墳は、宇宙を八角形とみなす道教コスモロジーの反映とみられています。東西南北に中間の四方位を加えた八方位、そこから生まれた八

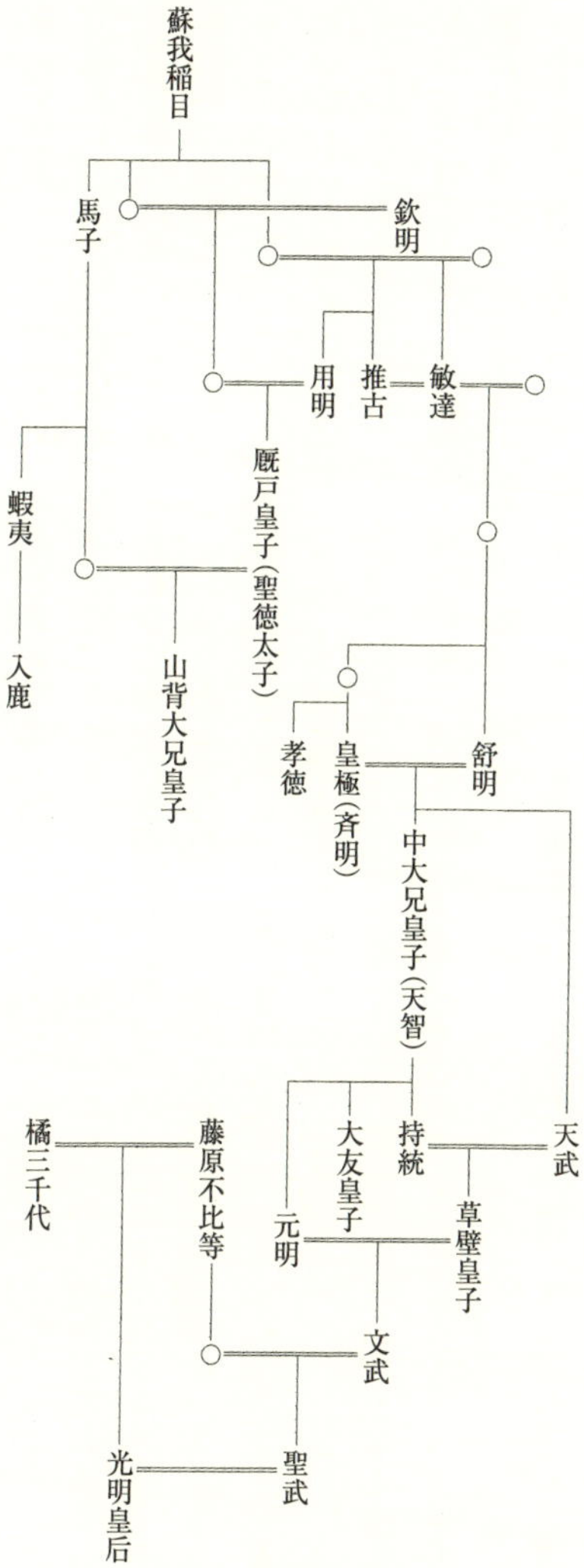
蘇我稲目
馬子
欽明
用明
推古
敏達
厩戸皇子（聖徳太子）
蝦夷
入鹿
山背大兄皇子
孝徳
皇極（斉明）
舒明
中大兄皇子（天智）
大友皇子
持統
天武
元明
草壁皇子
藤原不比等
橘三千代
文武
聖武
光明皇后

天皇・有力豪族血統図

角形を道教は重んじます。戦時中のスローガンに使われて評判が悪いですが〝八紘一宇〟の八紘とは、世界を八角形とみなした表現であり、道教コスモロジーが反映しています。八角形の中心は世界の中心を意味し、そこはまさに天皇の座にふさわしい。古墳のみならず、京都御所・紫宸殿《ししんでん》にしつらえられた天皇の高御座《たかみくら》も八角形です。

道教については中国土着の宗教としてこれまでもふれてきましたが、少し整理しておきましょう。中国南部から東アジア一帯にひろがった宗教で、初期の思想家に老子や荘子がいますが、いわゆる開祖というわけではなく、彼らを取り込むことによって民俗信仰の体系化が図られたというのが実態のようです。複雑な成立過程をもち、また中国北部を基盤とした儒教とも相互に影響し合って重なるだけに、簡潔な定義を試みてもこぼれ落ちるものが多い。

また中国では道教が仏教と一部重なりました。すでに第一章で、回廊に囲まれた聖域を浄土に見立てましたが、この観念も中国で織り込まれたもので、道教的といえそうです。インド仏教には極楽はあっても浄土の観念はないのです。

本書で中国土着のコスモロジー、あるいは地理思想といってきたものは、おおむね道教に深い関連をもつのですが、儒教とも重なるところが多く渾然としています。

中国のコスモロジーにおいて宇宙は陰と陽からなるとみなされますが、とくに儒教コスモロジーでは二極対立を重視し、二つの極をセットにして扱います。塔と金堂をヨコ並びにして二つの焦点とするのは、この思想と見事に重なる。屹立する塔が陽、空間を大きくはらんで本尊を抱く金堂が陰。百済大寺、法輪寺、そして新生法隆寺の伽藍配置を想い起こしてください。二つの極が聖域という宇宙を構成しているのです。一方、老子は、

「一は二を生じ、二は三を生じ、三は万物を生ず。」

と説きます。つまり道教では二より三が重視されます。

同じヨコ並びでも新生法隆寺は特別でした。すでに第一章および第三章でみたように中門の存在感がことのほか大きく、塔・金堂・中門の三者が鼎立《ていりつ》し、中門がそのカナメとなっていた。つまり、陰と陽を調停する第三者をふくめた三極構成とみることもできます。

また川原寺、観世音寺、多賀城廃寺には聖域内に計三つの焦点がありました。従来、一塔二金堂をもつ川原寺の構成は不可思議とされてきましたが、先にみたような敷地の周辺環境に対応するとともに、三を重視する道教の考えにも合致していたのです。このように天皇の寺において、道教など中国的コスモロジーの影を見ることができるのは興味深いことです。

しかし八角形古墳もヨコ並び伽藍も大陸に見いだすことができません。中国的コスモロジーを積極的に採り入れ、その影響を受けながらも日本で独自に成立した表現とみられます。それが天皇家の新しい伝統となった可能性がある。有力豪族が次々と伽藍を建立し、権勢を競うなかで、天皇家は仏教伽藍への中国土着のコスモロジー導入によって他との差別化を図り、みず

からのアイデンティティをひときわ誇示しようとしたのではないか。それが舒明天皇にはじまる、まったく新しい仏教伽藍のありかただった。

そこにもたらされたヨコ並びの伽藍配置は、水平志向や東西軸の蘇生にみられるように古来、列島に息づいていた空間感覚やコスモロジーにかなうものでもあったのです。

†発願者と技術者

さて伽藍にしても古墳にしても、その構想はすべて発願者の裁量のうちであったと考えられます。当時は今日のように建築家が独立していたわけではありません。発願者にその気さえあれば技術者を使い、みずから〝建築家〟としてふるまうことが可能だった。伽藍配置や古墳の形といったようなデザインの基本に関してなら、なおさらです。そして先代の流儀は尊重され踏襲される。こうして血統が伝統を生み両者は表裏一体となる。

また発願者の下ではたらく技術者集団にも家系や流儀が生まれる。最初に大陸からやって来て技術を伝えた人たちが列島に定着し、技術が代々、継承されていった。やがて在地の人びとにもひろがり、そこでも同様に代々、受け継がれてゆく。政治情勢により仕える主人が変わる場合がある一方で、まるごと抱えられ系列化していく傾向もあった。こうした関係が代々つづくとここでも伝統が生まれる。

前章でみた〝太子コロニー〟もこのようにして形成されたと思われます。もちろん、新しい血も流入しますが、伝統は更新されつつ、血脈は流れつづける。伝統的流儀と血統が重なるのは必然的だったといえるでしょう。

関連して、意外な事実を紹介しておきましょう。瓦の製作をめぐって舒明―皇極と山背大兄の関係に不可思議な点があるのです。

厩戸創建の法隆寺は山背大兄の代になっても造営がつづきました。金堂は厩戸でしたが、その後に建立された五重塔は山背大兄によるとみられます。そこで用いられた瓦と同じデザインのものが、なんと舒明発願の百済大寺跡から出土しました。同じ型を使って製作されたとみられますが、使い古しの型で作られた瓦はやはり精度が落ちる。瓦の出来具合からして法隆寺の方が先と判断されます。つまり法隆寺で使われた型が百済大寺で再使用されている。型の使用をめぐって山背大兄と舒明―皇極天皇は、いったいどういう関係にあったのか。

〝瓦は知っていた〟としかいえませんが、両者が皇位継承をめぐって決定的な対立関係にあっただけに興味深いところです。

天皇家にとって初の、そして前代未聞の規模を誇る大伽藍の造営ですから、大々的に技術者を招集したはずです。実績をもつ豪族たちに、系列下の技術者を提供するよう求めたことでしょう。しかし磨耗し、ヒビの入った氏寺使い古しの型――それも山背大兄の――を、天皇家初の寺に再使用したというのは奇異の感が残る。九重塔を造ろうという天皇の力と権威をもってすれば、すべて新調するのが本来ではないか。

もし、そこに行き違いが生じたとしたら、それが山背大兄襲撃のきっかけになった可能性があるのではないか。これについては後ほど再びふれることにします。

†伽藍建立が意味するもの

さて伽藍建立は発願者の政治的権力のみならず美意識や文化レベルの高さをも示しうる機会です。古代王権において美やコスモロジーもまた、権威を高める重要な要素でした。人びとの精神世界に訴えることにおいて建築や都市は最高の手段です。そこで建築は今日わたしたちが思うより、はるかに大きな政治的意味をもっていたといわねばなりません。

伽藍建立は政治的構想の一環でもあり、政治そのものとすらいいうる。発願者たちは総力をあげてこのテーマに取り組んだ。天皇をはじめ豪族たちは政治的ライバルや周囲の目をつねに意識し、競い合っていたと考えられます。相手を上回る成果を誇ろうと、目に見えぬ暗闘がくりひろげられていたにちがいありません。

こうした事態は最高権力者からみて好ましくない。蘇我氏をはじめとする豪族たちの寺に対抗して百済大寺を建立した天皇家でしたが、豪族たちの寺を天皇のコントロール下におこうと高等戦略を打ち出しています。六四五年に発足した大化の改新政府は早くもこの年、造寺のためなら中・下層の豪族にいたるまで天皇が援助すると宣言しました。これは援助とひきかえに、寺を代表する僧、および造営や財産を管理する者を朝廷が任命するものでした。こうして氏寺は天皇の傘の下に組み入れられてゆく。

†天皇家と法隆寺ファミリー

豪族たちによる大陸直輸入、タテ一列の伽藍配置を超えるものとして、ヨコ並び配置の系譜が天皇の血統から生み出された。この伽藍配置の系譜は舒明から中大兄＝天智につづく天皇の血脈に濃厚に結びついていた。この系譜の本流と天皇の血統はほとんど一体であったと思われます。塔と金堂のヨコ並びは一時期、天皇ブランドの本流をなしています。

それがなぜか、法隆寺ファミリーに枝分かれした。その最初が前章にみた法輪寺でした。すでにふれたように造営は六五〇年代とみられます。六四三年の集団自死事件によって厩戸一族が滅亡した後、主を失った法隆寺ファミリーは天皇家の傘の下に入ったのか。改新政府の造寺援助宣言＝氏寺管理政策が功を奏したのだろうか。当時の天皇は孝徳、改新政府で中大兄皇子が影響力を発揮していたとされる頃です。

舒明のもたらした伽藍配置の系譜にファミリー末寺の法輪寺が連なり、新生法隆寺がこれを完成させた格好です。天皇の寺と同じタイプの配置をもち、しかも進化発展させたのが新生法隆寺でした。それはヨコ並び配置の極めつきとなったのです。——厩戸を祖とする一族と天皇家はそもそも皇位継承をめぐってきびしく対立する関係にあったのに。

新生法隆寺の伽藍配置が天皇の寺の系譜に属している。これをどう解釈すればいいのか。主亡き後、法輪寺と法隆寺は同じように援助を求め、天皇の傘の下に入っていったのか。新生法隆寺は当時の天皇といったい、どういう関係にあったのか。

じつはそれをうかがわせる資料が法隆寺にあります。その財産目録である『法隆寺資財帳』によれば、厩戸一族の滅亡から五年後の六四八年、早くも朝廷から援助を受けています。三百戸が法隆寺に施入されたというのです。寺はそこから地産物や労働力を得たわけです。これとひきかえに朝廷の傘の下に入ったとみられますが、主を失っていた法隆寺だけに、管理もより直接的だったと思われます。

前章でみたように法隆寺の新創建構想、そして整地から着工は遅くとも六六〇年代半ばから後半と考えられます。地元豪族などが関わった可能性はありますが、彼らだけで大胆な構想に基くこれだけの新規大事業を完遂させることができたか、疑問です。同時に、目に見えない巨大な意志と力がはたらいていたとみるべきでしょう。その意を体して地元の有力豪族が新規事業に貢献したことは大いに考えられます。

その頃の天皇といえば、中大兄＝天智（称制）天皇です。法隆寺の新創建を推し進めた勢力として当時、実権をほしいままにしていた天智天皇とその血統が考えられないか。伽藍配置の系譜からたどる推理です。

伽藍配置を発願者の血統と関連づける試みははじめてかと思われますが、当時の社会が基本的に血縁によって規定されていたことに立ち返るならば、それが伽藍配置にまで及んでいたことに不思議はない。まして最高権力者とその権勢を映し出すモニュメントの関係なのです。関係がないとみる方がむしろ不自然でしょう。

†集団自死の聖地

厩戸一族亡き後、主を失った法隆寺をいったい誰が担ったのか。

厩戸の息子・山背大兄皇子と天皇家は皇位継承をめぐって対立関係にあり、確執がつづいていたのに、一族の滅亡後、天皇が法隆寺にテコ入れしたとするならいったい、なぜ、何のために？

そもそも、天皇家にとって法隆寺とは何だったのか。問題がここまでくると建築家の領分を超える感がありますが、さらに推理してみたい。

すでに強調してきたところですが生前、人びとから敬愛を集めていた厩戸皇子は没後、あつい崇拝と信仰の対象となった。第一章でみましたように厩戸等身の釈迦像が法隆寺に誕生したのが、その最初の現れでした。かれの創建になる法隆寺は、厩戸ゆかりの寺として人びとにあがめられるようになった。

厩戸の息子・山背大兄皇子をしりぞけて即位した舒明天皇にとって、なお衰えを見せない厩戸人気は気になるものであったでしょう。崇拝対象が身近に、リアルな存在としてある事態は天皇の権威をゆるがすおそれがある。まして、なお皇位をうかがう山背大兄の周囲には厩戸生前からの人脈が生きていた。

しかし舒明没後も、その皇后が即位し皇極天皇の誕生をみた。山背大兄の即位は二度目もなかったのです。それでもなお、厩戸崇拝を背景に皇位への執念をみせていた山背大兄でしたが六四三年、父の代より住まいとしていた斑鳩宮で急襲される。先に述べたように蘇我入鹿の指図によるものでした。舒明即位の際のあつれき以来、両者の関係は悪化していた。

皇極の後も即位させじと事前に山背大兄を抹殺しようとしたわけですが、やはり、挙に出るには、きっかけとなるなんらかの事情があったはずと思われます。その可能性として、先に百済大寺の瓦の件に言い及びました。

なお、この時の軍勢には皇極女帝の弟、つまり即位前の孝徳も加わっていたとする後世の文書があり、この点、単に蘇我系の内紛といいきれないものがあります。

斑鳩宮は火をかけられ炎上した。山背大兄は、いったんは山に逃れたものの熟慮の末、亡き父・厩戸の、

「諸《もろもろ》ノ悪を作《な》スコト莫《なか》レ。諸ノ善ヲ奉行《おこな》へ。」

という遺言を守り、戦闘の放棄を決意するにいたる。山背大兄皇子は父が創建し自らが引き継いだ法隆寺に従容《しょうよう》として入った。

「吾、兵ヲ起シテ入鹿ヲ伐《う》タバ、其ノ勝タムコト定シ。然ルニ一ツノ身ノ故ニ由リテ、百姓ヲ残《やぶ》リ害《そこな》ハムコトヲ欲リセジ。是ヲ以テ、吾ガ一ツノ身ヲバ、入鹿ニ賜フ。」

この時の山背大兄の言葉を日本書紀が伝えています。感動的なところですので原文を引きました。多分に誇張が入っているでしょうが、仏教者として父・厩戸がのこした教えなくして山背大兄の決断はなかったにちがいない。

そして、みずから首をくくって果てた。痛ましいことに厩戸の子や孫たち、男女二十三名が命運を共にしました。ここに厩戸の血脈すべてが途絶えてしまった。これを知った当時の人びとの心情を日本書紀は脚色をまじえて活写しています。意訳しますと、

この時、五色の幡《はた》や蓋《きぬがさ》、それに伎楽の舞い姿が空に現れ出でて輝き、寺に舞い降りてくるかのようだった。人びとは空を見上げてこれらを讃え、そして死を嘆いた。入鹿に向かって空中に浮かぶ幡や傘を指し示すと、それらはみな黒雲と化した——。

幡は供養のために垂らす帯状の旗、蓋は貴人にかざす柄の長い傘。こうした描写から厩戸一族を讃えつつ嘆き悲しむ当時の人びとの心情が伝わってくるようです。襲われても戦わなかったという、かつてない犠牲的精神の発露は多くの人びとをゆさぶりつづけました。厩戸がのこした至高の精神に殉じた一族の魂――。その気高さがいっそうにきわだってくる。これを機に、一族の祖であるカリスマ・厩戸への追慕の念がいよいよ高まったことでしょう。

山背大兄皇子が一族の死に場所として法隆寺を選んだことが大きな意味をもった。この寺は多くの遺体が散乱する、壮絶な自己犠牲の現場となったことにより、厩戸一族に流れる高貴な血脈をリアルに伝える寺となりました。凄惨な悲劇の舞台となった創建法隆寺は、こうして厩戸の血統を讃える至高の聖地となったのです。

すでに述べましたように厩戸等身の釈迦像が造られた時が厩戸信仰のはじまりだったとすれば、その二十年後、法隆寺が一族の集団自死の現場となった時、厩戸信仰は第二の段階を迎えたといっていいでしょう。近親者やゆかりのあった人びとを中心としていたそれまでの信仰は悲劇性と苛烈さをともなって聖性をまし、燎原の火のごとく燃えさかりひろがっていったにちがいない。

†新創建の意図

ただでさえ厩戸人気は厄介であったのに、創建法隆寺における子孫の集団死事件は火に油を注ぐ結果となった。こうした状況は、天皇家にとって放置しておけるものではなかったはずです。くり返しますが、崇拝対象が天皇以外に、それも身近に、リアルな存在としてあるのは避けるべき事態でした。

ましてや天皇家は舒明―皇極と代々、山背大兄をしりぞけて皇位を継承していました。くわえて、即位になお執念を燃やしていた山背大兄の死によって、天皇家はまちがいなく利を得たのです。即位前の孝徳が襲撃に加わっていたとみられるだけに、まかり間違えば風向きが天皇家に向かってくるおそれもあった……。

時の天皇、皇極女帝こそ入鹿に山背大兄の殺害を命じた張本人とする説も近年、出されています。一般には日本書紀をベースとして理解されていますが、このあたりは相当隠し事をしているとみた方がよさそうです。少なくとも厩戸一族と舒明以降の天皇家の血脈は、ぬきさしならぬ確執関係に陥っていたことは認識しておくべきでしょう。

法隆寺の新創建構想は、まったく新しく寺を造ることによって創建者・厩戸の実績を消し、かつ一族の凄絶な集団自死の場を消そうとするものだったのではないか。この世に実在した人物、その血統の実在性を消して仏法のなかに理想化し、現実政治への影響力を削ぐ。

根強く残る厩戸人気、厩戸崇拝から血統色を抜き取り、個人崇拝を超えた普遍的な釈迦信仰のなかに昇華・解消させてしまう。それは第一章でみた、厩戸等身の釈迦像を新しく本尊に据えた現・金堂に如実にうかがえます。仏法そのもののなかに個人としての厩戸、実在した厩戸を消してゆく試みともいえる。既にあった厩戸等身の釈迦像は願ってもない、格好の本尊として利用されたのではないか。

新生法隆寺において厩戸は文字どおり〝ホメ殺された〟。厩戸信仰を逆手にとることによって天皇家はけがれなきイメージの確立を図り、みずからの正統性を確固たるものにしようとしたのだと思われます。

†土地区画の変更

新創建の構想段階は遅くとも六六〇年代半ばにはあったと想定されますから、その時点において厩戸創建の法隆寺は現存していた。厩戸の住まいであった斑鳩宮、およびこれとセットで創建された法隆寺はともに西へ二〇度偏向していました。同一の土地区画割にのっていたわけで、これは斑鳩と飛鳥をむすんで盆地を対角線上につらぬく道に基くものでした。この道は第一章でふれたように厩戸が通ったといい伝えられています。

ところが新創建において法隆寺の中軸は南北にぐっと近づく。従来の区画割は無視され、現状にみるように新たな角度による区画割がもたらされたのです。なお一部に旧状がのこっています（法隆寺全体配置図、23頁）。

既にある寺に近接し、しかも角度をはっきり違えて新たに大伽藍を計画するとは、たとえそれが大陸伝来の方位に近づけたのであったにせよ、既存の寺を圧迫し、さらには既存の土地区画を無視するものです。尊重しているなどとは決していえない。強引であり、外科手術を施すようなやり方といっていい。いやそれどころか共存させる考えなど、もともとなかったのではないかとさえ思われてきます。巨大な外部の力の介入があったことをうかがわせるに十分な事態というべきでしょう。やはりそこに天皇家側の意向が反映していたのではなかったか。

新伽藍の造営は法隆寺側にとって、予想だにしない申し入れだったでしょう。主を失っている今、財政的なメリットは計り知れず、また朝廷との関係が安定し強化されることも期待できる。真意がわからぬまま、疑念があっても新創建の申し入れは力関係から結局のところ、呑まざるをえない話だった……。

この時、法隆寺は私寺から朝廷の寺へと大きく舵をきったのです。

†新創建事業の推進者

これまでみてきたように法隆寺を一新し、皇位継承に端を発した忌まわしい事件の舞台を消し去ることは、清浄なる天皇像の確立にぜひとも必要なことだった。

新創建事業を推進したのが先に示唆したように中大兄皇子＝天智天皇だったとすれば、それまで天皇を補佐する立場から影響力をふるってきた中大兄皇子が自分の代を迎えるに及び、歴代天皇積年の課題にいよいよ着手したということだったのではないか。実際、中大兄＝天智は山積していた課題に精力的に取り組んでいる。法隆寺の新創建も懸案処理の一環だったのではないか。

当時の事情のなかに実行を後押しする要因がないか、さらに推理してみましょう。

ひとつには後継問題が考えられます。天智天皇の有力な後継候補として息子の大友皇子、そして天智の実弟・大海人《おおあま》皇子がいました。当時はまだ皇位を継ぐ制度が確立しておらず、弟にも十分にその可能性があった。本人が有能であれば、なおさらのこと。その後の経緯をみるとあきらかなのですが、天智の本音は、やはり直系の息子・大友に皇位を継がせることにあった。

その実現に向けて、皇位は天皇直系の皇子が継承するのが当然という空気を醸成しておく。没後崇拝の対象となり、子孫の集団自死を経て信仰の高まっている天皇直系の厩戸皇子、かれをまつることは息子を後継とする上で十分な利用価値があった。〝積年の課題解決〟の裏には、息子・大友を即位させようという血脈上のこだわりもあったと思われます。こうしたことも手伝って、天智（称制）天皇はいよいよ法隆寺の新創建に着手したのではなかったか。

まとめますと、厩戸一族の集団自決の現場となった法隆寺を消すことによって血統色を抜く。

まったく場所を変えて新しく法隆寺を造り、釈迦に昇華した厩戸を本尊に据える。法隆寺を普遍信仰の場に塗り替えてしまったのです。それは清浄なる天皇の威信を守るとともに、皇位継承者として息子の立場を強化する意味をあわせもっていた……。

唐との関係が緊迫していた折でしたが、軍事・外交に策をめぐらす一方で、みずからの権力基盤を強化し、思いどおりに世継ぎを決めることは譲れない問題だったはずです。皇位継承には直系皇子がふさわしいと強調することは、息子を後継とするのに有利にはたらく。厩戸皇子がこの上ないモデルとなりました。言葉は悪いですが、新創建の推進者にとって厩戸はあくまでダミーであったわけです。

†法隆寺の炎上

したがって現・金堂が出来てしまえば、あるいは、完成の見通しが立ってしまえば、厩戸個人の痕跡がのこる法隆寺は不要となる。それどころか邪魔な存在です。すでに述べたようにそこには一族の集団自死という忌まわしい記憶が染み付いている。事件が蘇我系の内紛だったとはいいきれず、利を得たのは確かである以上、清廉なイメージを確立したい天皇家にとって消したい記憶です。

法隆寺の一新を図る側から見れば既存の寺は目ざわりだった。のこしておけば血統色を帯びたまま厩戸信仰の温床となり、そのほむらが燃えさかれば、天皇家にとって度し難い事態となりかねない。火種は消しておかなければならない。新旧二つの法隆寺を共存させる気など、最初からまったくなかったのだと思われます。

こう解釈したとき、すでに第一章でみた、日本書紀が伝える六六九年冬、六七〇年四月と、短期間に二度にわたる法隆寺の不審な火災の原因も読めてくる。現・金堂の完成の見通しが立ったうえでの、あるいは完成を見たうえでの〝被災〟だったのではないか。もちろんそのような事態は寺側が予期したものでも、いわんや望んだものでもなかった。

前章で創建法隆寺の火災の前に現・金堂が完成していた可能性を指摘したものの、なおそこで止まっていました。樹木の伐採年だけで建物の完成時を特定することは困難だからです。しかし、既にある法隆寺を焼いてしまう算段が新創建構想にあったとなれば、話は別です。火災前に現・金堂が完成していた可能性が高くなってくる。

なお現・金堂の完成と法隆寺の焼失によって厩戸信仰はすっかり性格を変えました。天皇家の傘の下での、つまり国家的性格を帯びた信仰へと衣替えをしたのです。先に述べた第二段階につづく第三の段階を迎えたといえるでしょう。

†後継争いと系譜の途絶

その後の歴史をみれば、天智後継に関してこの企みは実を結ばなかった。創建法隆寺が炎上して二年後の六七二年、皇位継承をめぐって古代最大の内乱が勃発。世に知られる壬申《じんしん》の乱です。先帝の遺志は息子・大友皇子に皇位を継がせることでしたが結局、弟・大海人皇子が勝利をおさめて翌年即位し、天武《てんむ》天皇の誕生をみた。

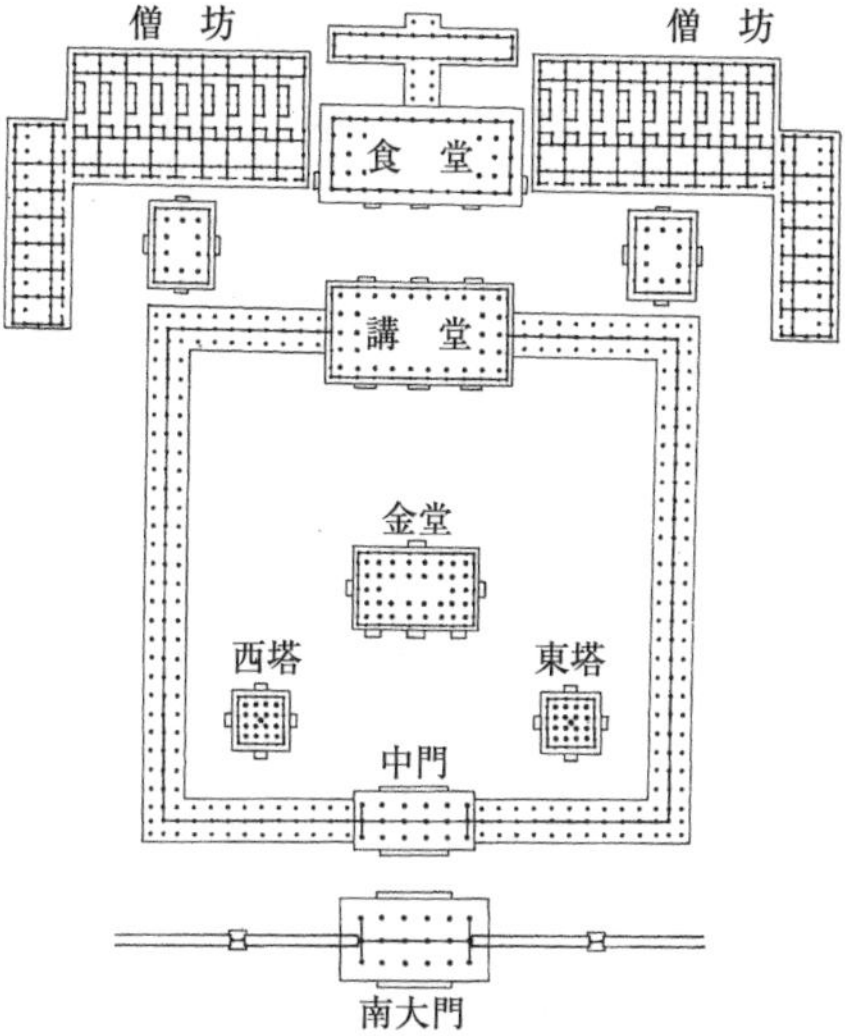

奈良・薬師寺／配置図（日本建築学会編『日本建築史図集』彰国社）

かれの代になると伽藍配置はさま変わりをみせます。六八〇年、天武は病いに伏した皇后の回復を祈って薬師寺の建立を発願。効験あってか皇后は回復したものの、先に天武が没してしまい、皇后が後継となって持統《じとう》女帝の誕生をみる。造営は続行され、孫の文武《もんむ》天皇の代に完成しました。これが薬師寺です。

同じ形で同じ大きさの塔が二つ、ここに初めて登場しました。回廊に囲まれた聖域の中央に金堂が据えられ、その手前、塔が左右に配置され、厳格な対称性を見せていました。

形の異なる塔と金堂がヨコに並ぶそれまでの天皇の寺の系譜とはまったく異なるものです。じつは同形同大の二つの塔が左右対称に並ぶ配置が薬師寺より先に朝鮮半島は新羅の都・慶州《キョンジュ》にあった。フィールドワークの足を韓国までのばし、寒風吹きすさぶ夕暮れに現地を訪れますと、草むらの中に礎石が見いだされました。そこに思っていたとおりの伽藍配置を確認することができました。これが最新情報として天武に伝えられ、採用されたとみられます。

後ほど述べますように、この伽藍配置は国威発揚に適したものでしたが、それだけでなく、同じ血統のなかでの父子と兄弟、正統と非正統の葛藤と対立が——当時はどちらが正統か確立していなかった——、伽藍配置の系譜に不連続を生んだ面があったと思われます。

先帝・天智の遺志をくつがえして即位した天武天皇は先帝のキモイリに端を発した法隆寺の新創建事業に対し、消極的ないしは冷淡であったと推測されます。先に述べたように『法隆寺資財帳』によれば六四八年以降、法隆寺には住民から労役や地産物を徴する権限が朝廷から与えられていましたが、天武の代の六七九年に打ち切られている。日本書紀によれば翌年、天武天皇は寺院政策の変更を発布しますが、狙い撃ちするかのようにまず法隆寺から打ち切りがはじまったのです。前章でふれましたが、法隆寺五重塔の工事がかなりの長期にわたって中断したとみられるのも、あるいは、こうした事情によるものかと思われます。

†太子信仰の聖地

天武の没後、皇后であった持統（称制）へと皇位は引き継がれ、次の後継問題に直面します。天智直系の大友皇子を武力で破って即位した天武、これを継いだ持統でしたが、立場が変わればやることも変わる。持統は息子・草壁皇子への皇位継承を期してライバルを死に追いやるなど策を弄しましたが、肝腎の草壁が即位前に病没してしまう。

今度は草壁がのこした七歳の孫を皇位につけるべく女帝持統は、なお執念を燃やす。まず、天皇の存命中に後継者を定める皇太子制度を発効させ、レールを敷いた。さらには天皇と皇后のあいだに生まれた直系皇子の地位を権威づけるため、持統は新創建の途上にあった法隆寺を足場に聖徳信仰の興隆を図る。カリスマ・聖徳は天皇と皇后のあいだに生まれた直系皇子だったのであり、〝皇太子〟としてこの上ない理想のモデルだった。聖徳の呼称はこの頃からはじまったようです。聖徳信仰は孫への皇位移譲がスムースにいく空気を醸成する意味があった。

天武の代では援助を打ち切るなど、法隆寺の新創建事業に距離をおいていましたが、持統は天智の娘であり、父の始めた事業を推進することにもはや抵抗感はなかった。第一章でふれたように、金堂に天蓋を寄進しています。こうした聖徳信仰の盛り上げは、実力者ぶりを発揮し出した藤原不比等と手をむすんでおこなわれたとみられます。それは見事に功を奏した。満を持して孫を皇太子に立て、十五歳の天皇・文武天皇の誕生をみる。その妃はなんと不比等の娘でした。

不比等は橘三千代を通じ、橘夫人《ぶにん》念持仏をはじめ多くの宝物を法隆寺に奉納し聖徳信仰を支える。聖徳太子への信仰を高めることによって皇太子制度を磐石に運ぶとともに、皇位継承の血脈のなかに、皇太子―歴代天皇のもとに自分の娘を送り込んでゆく。同時に、わが国初の正史である日本書紀のなかで太子信仰をいやが上にも盛り上げる。

不比等没後になりますが、やがてかれの孫が首尾よく即位し聖武天皇の誕生をみる。その皇后である光明は不比等と三千代のあいだに生まれた娘でした。光明は夢殿を寄進し、それは太子信仰の総仕上げとなった（天皇・有力豪族血統図、225頁）。

天皇直系の皇位継承を主張する血統が、新生法隆寺を太子信仰の聖地に仕上げてゆきました――まるで何ごともなかったかのように。新生法隆寺は皇太子の地位を上げ、皇太子制度を確かなものにする上でも利用価値の高い存在だったのです。

建築家の領分を越えたところにまで話が及びましたが、往時においては、血統の問題は建築に無関係ではないと考え、あえて一石を投じました。問題を分化しジャンル別に考察を加えるのが今日の認識のあり方ですが、問題によっては横断的かつ総合的に眺めわたす必要があります。歴史的・政治的人間ドラマのなかに建築を位置づける試みを今、おこなっているわけです。

†法隆寺を取り巻く対外事情

ここで当時の対外的政治状況をふり返っておきましょう。法隆寺炎上に先立つこと十年の六六〇年、朝鮮半島で唐・新羅の連合軍によって百済が滅ぼされる事態が発生した。時の斉明女帝そして息子の中大兄皇子は百済の復興と日本への併合を図る。翌年には九州・筑紫まで遠征し陣地を築くも老齢の斉明が死去。先帝・斉明の供養のために飛鳥に建てられたのが先にみた川原寺でした。

反転攻勢をかけるべく六六三年、中大兄＝天智（称制）は白馬江の下流、白村江に向けて大軍を送り出すも連合軍の前に大敗した。前章でもふれた白村江の戦いです。この時、百済から多くの人びとが亡命してきました。これら亡命者のうち技術をもつ人たちが太子コロニーに合流し、法隆寺の新創建に貢献したことは十分に考えられます。

敗戦の後遺症が深刻にのこるこの時期、大陸との関係は緊張をはらんでいた。列島が軍事侵略される危機にあったのです。九州をはじめ大和をふくむ各地に砦が築かれ、国土を死守する準備がなされた。

六六七年——法隆寺金堂の天井に使われたスギの木が伐採されたと思われる年です——、中大兄皇子は都を琵琶湖畔にうつす。大津京です。翌年ここでかれは即位して天智を名乗り、名実ともに天皇となる。軍事的外圧に直面して防衛力の充実に努めるとともに、また国家体制の整備を図った。緊迫した事態がつづくなか、天智天皇は内外に山積する諸問題の解決に精力的に取り組む。法隆寺の新創建事業が実行されたのはこうした状況下だったのです。

白村江の敗戦後、新羅とは積極的に交流をつづけますが、唐とは六六九年の遣唐使派遣を最後に関係が途絶える。この状態がその後、八世紀初頭にいたるまで三十年以上つづいたのです。敗戦以降、緊迫した状況下で唐に依存しない、自主独立の気概もまた、ふつふつとわき上がっていたにちがいない。ナショナリズムの高まりとともに文化的にも、大唐帝国なにするものぞ、という気運が天皇一族を中心にみなぎっていたのではなかったか。

大陸とのそうした関係のなか、天智から壬申の乱をへて天武、持統と代は変わり、法隆寺の新創建事業は途中、中断時期をはさみながらも進められました。結果をみれば、国際的な緊張関係下という一見マイナスの状況がプラスに転化し、日本特有の感性が花開いたといえるでしょう。その結実こそ新生法隆寺の伽藍配置がもたらした新しい美と荘厳でした。

†寺院事情の変遷

あわせて、法隆寺をめぐる寺院事情をふりかえっておきます。仏教の導入期にあってはどの寺も氏寺つまり私寺として建てられましたが、やがて百済大寺を皮切りに天皇による大規模な寺が次々に建てられるようになる。こうした動きとともに大化の改新以降、主だった氏寺はやがて国家の寺、官寺に組み入れられ朝廷の管理の下、再編成されてゆきます。法隆寺は新創建をへて私寺としての性格を失うことになります。

七世紀後半には〃四大寺〃として飛鳥寺、川原寺、藤原京の大官大寺《だいかんだいじ》（百済大寺が前身）、同じく藤原京の薬師寺がありました。法隆寺はまだここに含まれていなかった。集団自決の現場となったという事情、そして新創建事業が進行中という状況ゆえに、朝廷からすると正面切って扱いにくい面があったのだと思われます。

天武の代には援助が途絶えたりと紆余曲折がありましたが、持統の代にいたってようやく朝廷との関係が安定したのは先にみたところです。

すでに都が平城京にうつっている八世紀半ばには、〃四大寺〃は〃七大寺〃に拡大されています。大安寺（大官大寺が前身）、元興寺（飛鳥寺が前身）、川原寺、藤原京からうつった薬師寺、主要伽藍のほぼ揃った興福寺、聖武《しょうむ》天皇によって着手された東大寺とともに、法隆寺はようやくその仲間入りを果たします。前章でみましたように、この頃には主要伽藍のほか、付属施設もそろっています。それは創建から一世紀以上も経ってのことでした。

やがて東大寺の向こうを張って平城京に建立された西大寺《さいだいじ》が七大寺に入り、川原寺は脱落したようです。都が平安京にうつると旧都は新都から南に当たるのでこれらは〃南都七大寺〃と

六九〇	七〇〇	七一〇	七二〇	七三〇	七四〇	七五〇	七六〇	七七〇	七八〇
	文武	元明	元正	聖武		孝謙	淳仁 弥徳	光仁	桓武
五重塔完成か 中門用の材が伐採 中門完成か	隆	塔本塑像・中門力士像完成 経蔵僧坊等造営	寺		夢殿造営				
				元		興		寺	
大官大寺				大 安 寺					
	観		世		音	寺			
薬師寺			平城京	薬師寺					
							東	大	寺

西暦	五八七	五九〇	六〇〇	六一〇	六二〇	六三〇	六四〇	六五〇	六六〇	六七〇
天皇	崇峻	推古				舒明	皇極	孝徳	斉明 天智	天武
			斑鳩宮着工	斑鳩宮に厩戸移住 金堂完成か	厩戸皇子死去 釈迦三尊像完成		斑鳩宮焼失			出火 金堂・五重塔焼失
				創建法隆寺／斑鳩寺						
		五重塔・心柱用材伐採								金堂天井板用の材が伐採 金堂完成か釈迦三尊像奉納 五重塔用の材が伐採 法
	飛鳥寺									
					四	天		王	寺	
							山		田	寺
							百	済 大	寺	高
										川 原 寺
									発願か	

法隆寺造営年表（アミカケ部分は造営活動期を示す）

よばれます。なお、薬師寺は都が藤原京から平城京にうつると同じ規模、同じ配置でそっくりそのまま平城京内に建てられました。これが現在の薬師寺につながります。

天皇の寺は舒明天皇にはじまる初期段階でいずれも塔、金堂がヨコに並ぶ配置をとっており、そこから法隆寺の伽藍配置が生み出されたのでした。それは創造のプロセスにおける画期的な到達点でした。

しかし以後、中央の大伽藍でこの配置を採るものは現れなかったのです。地方では塔と金堂がヨコに並ぶ例が国分寺などに出ましたが、そこでは講堂が回廊に組み込まれていました。

†法隆寺は一過性のものだったのか

わたしたちが賞讃する法隆寺は、伽藍配置の系譜において確かな地歩を占めたとはいえないのだろうか。法隆寺のユニークな空間は一過性のものだったのか。

形の異なる二つの建物が真ん中に空白をおいて並び立つとき、聖域は中軸による固い支配から解放され、やわらかな雰囲気によってみたされます。個々の建物は独立性を高め、聖域に躍動感が生まれた。

反面、ややもすれば安定感を欠く点がないとはいえず、権威の発揚が求められるとき、もの足りない面があったのではないか。法輪寺クラスの小規模な私寺であれば済むことであっても、大規模な官寺となるとやはり権威が求められた。その点、法隆寺の伽藍配置は国家の大寺に適用するには問題があったということかもしれない。

前章でみたように中門の真ん中に柱を立て、それを基準に建物の位置関係を緻密に定めるなどして安定を図り、見えない秩序を形成しているのですが、力強さをもたらすには限界があった。今日、わたしたちが評価してやまない法隆寺の生気と自由、躍動感は、おのずと不安定要素をふくむ。それは当時の国家的大伽藍において、むしろ排除すべきものと映ったのではないか。そこではやはり、厳格なシンメトリーつまり左右対称がもたらす統一性、視線をしっかりと受け止める安定性、ゆるがぬ権威こそまず求められたのだと思われます。

塔と金堂のヨコ並び配置は天皇の寺の系譜から法隆寺に飛び火し絶頂期を迎えましたが、多少の余韻を残しながらもこの系譜は終りを告げました。以後、天武・持統、そして曾孫《ひまご》の聖武にいたる血統は中門—金堂を中軸とし、同じ形の二つの塔を左右に配する厳格なシンメトリー配置を選択し、踏襲しました。

いま目にすることができる最初の例が薬師寺です。薬師寺では回廊に囲まれた聖域の中に二つの塔がありましたが、これにつづく東大寺では外に出され、伽藍全体がさらに巨大になりました。その分、シンメトリーは支配をひろげ、いっそう権威をましました。なお東大寺の二つの七重塔は落雷や焼き討ちにあい、現在は礎石をのこすのみです。

このように、法隆寺の伽藍配置が歴史を彩る主要な伽藍で踏襲されることはありませんでした。国家の大寺において、むしろ避けられたといっていいでしょう。

しかし法隆寺において達成されたことが、日本建築のその後の展開に寄与しなかったわけではありません。それどころか日本の空間の特質となっていきました。それを最後にみておきたいと思います。

3 空白の誕生、そして大陸起源か日本起源か

ここで学生時代の遠い記憶に帰ります。工学部に属していても建築学科には歴史の授業があります。「建築史」という必修科目です。そこでは法隆寺の伽藍配置が左右非対称であることが強調されていました。塔と金堂が左右に並ぶことを指してのことです。大陸の建築とくに宗教建築はシンメトリーつまり左右対称を絶対とするのに対し、日本においてはアシンメトリーつまり左右非対称が好まれる。それが日本建築の特質と説かれていました。今日でも大学教科書の多くは大体、この線に沿っています。

†空白であること——対称・非対称を超えて

シンメトリーに堅苦しさをおぼえ、そこから逃れたくなる心情は建築にかぎらずひろく絵画、彫刻、工芸、庭園、あるいは生け花などの生活芸術にまでみられます。日本の空間の特質といっていいでしょう。しかしそこに形の非対称しか見ないと、本質を取り逃がしてしまう。左右二つのあいだに空白が残され、空白が場の真ん中を占めていること、確かな中心がないこと、ここが重要なポイントです。法隆寺がもたらした日本文化への贈物といえるでしょう。前章でみたように法隆寺は大陸伝来の伽藍が日本の空間へと脱皮し進化をとげるプロセスの真っ只中で起きた突然変異の結果なのでした。

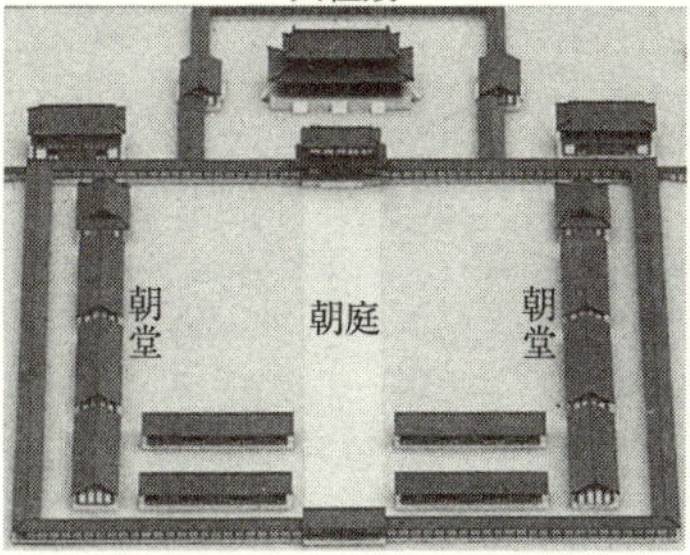

藤原宮・朝堂院『飛鳥・藤原京展』(奈良文化財研究所、模型：橿原市教育委員会蔵)

さて法隆寺と用途も規模も異なりますが、シンメトリーであってもこの空間特質をもった例がありました。天武天皇が構想し、皇后であった持統天皇が造営を引き継いだ藤原京の中枢、藤原宮です。なかでも注目したいのは壁に囲まれた朝堂院《ちょうどういん》とよばれるゾーンです。設計にあたっては中国流のあり方を参考にしつつ、中央に何もない空間がひろがる、のびやかでシンプルなつくりになっていました。

南門を入ると四方を囲まれた中空の領域が目の前にひろがります。朝庭とよばれる庭です。天皇が政治を行う朝廷とはこの庭に由来しますが、この何もない広い空間こそ朝廷を象徴するものだったのでしょう。ここで役人たちが整列して朝礼を行ったわけですが、ありあまるほどの広さがありました。

役人たちは左右に別れ、真ん中は大きく空白として残される。天皇に対峙するような位置は避けられたのでしょう。空白が真ん中にくることには意味があったのです。左右（西・東）の両脇に長手の建物（朝堂）が連なり、そこで役人たちが事務をとる。真ん中の朝庭で催しがある際は、ここが観客席となったと思われます。

正面奥に回廊が横切り、中央に北門がある。その向こう側に天皇が執務をとる大極殿《だいごくでん》の屋根が見える。この眺めは来訪者が天皇にまみえる前にまず目にするものでした。対称・非対称の違いはありますが、視界の構図は新創建当初の法隆寺によく似ています。

四方が囲まれ、真ん中が大きく空くという空間構造は盆地の空間と重なるものがあります。中国の宮城をモデルとしつつも、生活のなかで知らずに馴染んでいた盆地の空間がいつしか無意識的に作用し、このような空間が生まれたのではないか。

これには朝礼を行うという実際上の要求がありました。しかしいったん中空の領域が形成されるや、そこに予期せぬ意味が浸透してくる……。何もない空間にどこからともなく忍び込んでくるおごそかな気配、侵しがたい雰囲気。それに気づく感性があり、以後、さまざまなかたちで意識的に表現されてゆきます。

時代はとんで現代になりますが一九六〇年代、フランスの記号論学者ロラン・バルトは東京をしばしば訪れ、自分には東洋への憧れなどないとうそぶきつつ鮮やかな指摘をしました。

――いわく、東京の中心は皇居という実質的に虚の空間によって占められている。いわく、地域の中心にある駅ではひと、物、情報が雑多に行き交うが駅そのものは空虚であると。

「古来の秘術のなせるわざとでもいえようか。……そっけなく、からっぽの、純粋な表徴として現れ出てくるのだ。表徴の帝国？　そう、ただし、これら表徴は空虚であり……」

（『見出された「日本」』より、大久保喬樹訳）

無意識のうちにも社会の基層に空白、空虚がある。それは決して過去の遺物ではなく、今も脈々と流れている。読みの鋭い外国人にズバリいい当てられ、わが身の認識の〝空白〟に気づかされました。

†動きと角度

さて法隆寺には、さらに別の新しさがありました。空間が動きをもつようになったのです。

中門に対し塔と金堂のそれぞれが正面を向けて並び立つとは、向き合う場合とくらべ相互の関係をゆるめることを意味しました。このとき聖域は、塔と金堂という独立する二つの焦点をもつことになった。ひとつの焦点に対してなら視線も意識も集中しますが、焦点が二つあるとき、意識が拡散し視線は定まらない。視界は開かれ、まなざしは遊泳する。そして、おのずと二つのまわりに回転の動きが生まれる。

このことは円と楕円をくらべればよくわかります。中心がひとつの円は求心的で自己完結し、静的です。二つの焦点をもつ楕円には中心がないに等しく、不安定で遠心的かつ動的です。二つの焦点をめぐって運動が発生するからです。

法隆寺では焦点となる二つの建物の形が異なり、非対称です。高い塔とヴォリュームたっぷりの金堂、そこにアクセントの強弱がつき、動きが誘発されて回転がはじまり回廊が運動の軌跡を描く。塔と金堂の軒にわき上がる雲が表現され、重層する屋根がダイナミックなリズムを奏でていることを第一章でみましたが、そうした躍動感とも回廊は軌を一にしているのです。

当初、食堂（講堂）が回廊に取り込まれておらず、回廊がぐるりと回っていたから動きは滑らかだった。それがインド伝来のめぐる作法に合致していたわけです。右回りにならえばまず塔に近づくことになり、塔から拝むことになります。

法起寺では向かって左に金堂、右に塔と、法隆寺と左右が逆になりました。なぜそうなったのか、これまで不明とされてきましたが、右回りを前提とすれば法起寺では、先に金堂をめぐる運びになる。拝む順序がここで変わったのではないか。塔と金堂が左右ヨコ並びの場合、両者は基本的に同格とみなされますが、そこに若干の差が認められるということでしょう。法起寺で礼拝の優先順位が塔から金堂に移ったとみられます。

先に塔と金堂のヨコ並びと陰陽二極との関連にふれましたが、ある中国系アメリカ人学者によれば中国では即身的にいって左が陽、右が陰である。向かって左つまり即身的に右に金堂(陰)、向かって右つまり即身的に左に塔(陽)がある法起寺は、これにかなう。中国も北と南で異なりますので一筋縄ではいきませんが、以上のような陰陽の道理と参拝順序が要因となって左右が入れ替わったのではないか。

すでに第一章でいいましたように中門の真ん中の柱を背にしてひとが立つことは通常ありませんが、あえてそうしてみました。形の異なる二つの建物が左右に並ぶこの眺めは、確かに落ち着きを欠いているように感じます。当初、正面奥には列柱回廊が横切り、講堂は直接こちらと向き合っていなかったのですから、もっと落ち着かなかったはずです。このとき感じる不安定さは、前章で中軸と回廊ラインの交点から塔と金堂の背面を見た際、中門真ん中の柱にまだ意識が及んでいないときのゆれる感覚に近いといえます。

中軸上に柱が立つということは、ここにひとを立たせず、座りの悪い眺めを排除することでもありました。真ん中に立つ柱をよけ、ひとは左右どちらかに立つことになります。中軸をはずれ、視線は必然的に斜めの角度をとる。当初あったはずの回廊ラインを歩いたときにも感じたことですが、非対称の構図に対しては左右いずれかに寄り、斜めから見た方が自然で無理がありません。

中門に入ってすぐ正対するのではなく、塔と金堂を斜めに見る——。その時、間合いが生まれます。心をととのえるゆとりに一息つく。その点、四天王寺では中門に入るといきなり目の前に塔が現れ、唐突の感がしたものです。対面する前に一呼吸ほしい、それが偽らざる感想であったことを思い出します。

†大陸起源か、日本起源か

今ある法隆寺のユニークな伽藍配置は大陸から伝来したものなのか、日本で生まれたものなのか、これも聖徳太子信仰やナショナリズムもからんで大正時代以来、多くの議論を呼んできました。法隆寺の伽藍配置は日本固有のものだとする見方は当初、優勢を誇っていました。

日本文化の独自性をもの語る証しとして法隆寺は位置づけられ、東京帝国大学建築学科を足場としてほぼ定説になっていたのでした。疑問を呈する向きがなかったわけではありませんが国威発揚の機運もあり、そして何よりも大陸から同じタイプの伽藍配置が見いだされていないことが裏づけとなっていました。

ところが戦後を迎えると一転し、なぜか大陸起源説がひろがりはじめる。法隆寺以降、薬師寺や東大寺、興福寺などにみられるように伽藍配置の主流はシンメトリーに戻った。そのことをもって、やはり大陸の流行が伽藍配置を支配していたのだとし、法隆寺だけを日本の独創とするのは無理があるというのです。法隆寺の前と後に建てられた伽藍の配置が大陸伝来だから法隆寺も同じだろうという論法は、空疎で説得力に欠けます。

大陸起源説の理由として、独自性を発揮するにしては仏教が伝来してからの期間が短すぎるとも説かれます。最初の本格的伽藍であった飛鳥寺から法隆寺の新創建にいたる、七十年ほどの間になされたさまざまな試みを本書で追ってきたわけです。創造性の発揮は時間的にみて無理などといってあっさり否定するのは乱暴であり、先人に対して傲慢でもある。しかし、さしたる根拠もなしに日本独自などありえないという空気がひろがったのです。といって、日本起源説が正面から否定されるのでもない。

飛鳥寺から創建法隆寺や四天王寺、そして新生法隆寺を経て薬師寺、東大寺にいたるプロセスをすべて国内における自律的発展とするのも、また大陸からの直輸入と断定するのも的を射ていない。いうまでもなく両面からみる必要があります。客観的であること、科学的であることは当然ですが、戦後の時代風潮のなか、それが過度に強調されたあまり、自国の歴史・文化・伝統を否定的にみる傾向が生まれたことは否めない。

自国の独自性に言及することが偏狭なナショナリズムとしてははばかられ、受け入れられにくい空気が確かにあった。そこで、すべてを大陸の影響から説明しようとする。結論的には大陸起源説です。あたらず、さわらずで済ませたいところでしょうが、今日の建築史学の空気は大方このようなものでしょう。

漠然とした状況判断によりながら、結論は大陸からの輸入に帰着する。ムードに流されているとしかいいようがない。こうなると、国内で独自に獲得されたものが目の前にあっても見えるはずがありません。主体的に法隆寺の造営に取り組んだひとたちがいたことは、なによりも建築が証明しています。かれらが抱いた創造の苦しみ、期待と不安、そして歓び。そうしたものとは無縁の、つくることの本質からはずれた、外側をなでまわすだけの議論がこれまで多すぎた。

大切なのはシンメトリーか否か、大陸起源か日本起源か、といった紋切り型の二分法的発想から脱して、建築と空間の実態に即してきめ細かく柔軟に、創造のプロセスからも観察していくことです。ありありと空間を脳裏にたち上げ、その中で呼吸し、その中を歩いてみる。こうしたアプローチがこれまで欠けていました。建築空間の誕生の秘密にリアルに迫ること、それを本書において試みてきました。

†法隆寺のユニークな伽藍配置は日本起源である

あらためて法隆寺のユニークな伽藍配置の誕生をふり返ってみましょう。百済大寺にはじまった塔と金堂のヨコ並び配置が川原寺などを経て法隆寺にいたったプロセス。そのなかで展開された多彩なヴァリエーションと試行錯誤の数々――。

かの地の情報を鵜呑《うの》みにし、出来合いのものをそのまま適用したのではなかったことは、これまでみてきたことからあきらかでしょう。創意工夫が積み重ねられたプロセスがあった。そこに血統や家系が重なった。だからこそ、伽藍配置が多様でありながら系統的な展開をみせたのです。法隆寺のユニークな伽藍配置はその結果として生まれました。創造のプロセスが展開された場所こそ誕生の地です。そう、法隆寺のユニークな伽藍配置は日本で生まれたのです。大陸になかったものが突然変異として日本の地に現れ出たのです。

古くから列島に住みついていた人びとが育み共有していた空間感覚が、大陸伝来の技術とかみ合い、法隆寺の新創建に大きく作用した。技術の中心にいたのは朝鮮半島から来たひとたち、あるいはすでに帰化していたひとたちだったでしょう。そしてこの時期、かれらから技術を吸収し十分に習得していた在地の人びとも育っていたと考えられます。そこにはさまざまな出自があった。

実態として新生法隆寺は大陸から来たひとたちとの、いわば合作であったとみられます。そうであれば、ここで民族や国籍の問題にこだわるのはあまり意味をなさない。確かなことは、大陸にないユニークな空間が生まれたのがここ奈良盆地、斑鳩の里であったという事実です。

海に囲まれた日本列島の変化にとんだ自然、おだやかな風土、そして盆地という空間がかれらのやわらかな感性を育て、それに大陸伝来の技術が加わって法隆寺が生まれた。法隆寺にいたって、ようやく日本列島に住む人びとの空間感覚が伽藍の中にはっきりと表現されたといえるでしょう。

†法隆寺のユニークさ

法隆寺は特殊でした。どのように法隆寺が特殊なのかを、これまでるる述べてきたともいえます。大陸伝来の硬直した伽藍の形式に対して法隆寺は自由の矢を放ちました。聖域の真ん中に真空地帯が生まれ、まなざしは遊泳する。空間は動きをはらむ。それは聖域の新しいあり方でした。法隆寺が先鞭をつけた、大陸とはひと味もふた味も違う空間の特質をここで総括してみましょう。

シンメトリーにこだわらない変化と自由、空間の動きとリズム。中心の不在、中軸の弱体化による空間の解放と動的バランス。圧迫感を避け、視線が抜ける空間の開放感とさわやかさ、やわらかさ。

こうした特徴は伽藍に限らず、さまざまな種類の建築や庭園などに見られるようになります。法隆寺以降、この傾向はさらに深まりました。日本化の進行といっていいでしょう。それは空間の成熟に向かう進化のプロセスでもありました。

伽藍が大陸から入ってきて以降、今日にいたるまでさまざまな空間表現の傾向が生まれました。もちろん、それらをひとつに束ねるなど無理なことです。しかしながら、その基層に日本的特質を見いだすことはできます。

何もないひろがりにただよう、おごそかな気配。中空を介したあやうい、しかし精妙なバランス。押し付けがましくない、やわらかな調和。周囲の自然に連続する建築の水平性、開放性。自然との一体感。たたずまい、うつろい、ながれ……。

大陸に見いだしがたい日本の上質な空間とは、これらのことばでかろうじてすくいとることができるような、きわめて繊細な性格のものです。それを初めて現実の空間に表現し、可能性の糸口を開いたのが法隆寺だった。大陸からの圧倒的な影響の波のなかで日本に固有の空間がめばえ、法隆寺で実を結んだ。この見地に立ったとき、わたしたちにとって法隆寺のもつ意味がひときわ大きく迫ってきます。

世界最古の木造建築物！　日本最初の世界遺産！　そのようなキャッチフレーズでは決して

気づくことのない空間の本当の価値、本当の意味です。

†伊勢神宮を同一視野に——

左右非対称は日本の空間の大きな特徴ですが、それをいうだけでは十分といえません。シンメトリーであろうとなかろうと、おのずと空間ににじみ出てくる日本的特質というものがある。そこに目をこらす必要があります。シンメトリーでも空間の日本的特質を十分にたたえている例は少なくありません。先に藤原宮にふれましたが、現存例として伊勢神宮を挙げましょう。伊勢については第二章でもふれましたが、ここではその日本的性格と大陸との関係に注目しておきたい。

伊勢神宮の古殿地は遷宮の後に残された間口六〇メートル、奥行一四五メートルほどの空地です。二十年後にまた殿地（敷地）となる。つまりそこに社殿が建つことになります（伊勢神宮内宮／配置現状図、117頁）。それまでは白い石が敷きつめられた区画に、心御柱を保護するための小さな覆屋がポツンとあるだけです。そこに作為は何もないのですが、密生する杉木立に囲まれた白い空地にはおごそかな空気が漂い、ただならぬ気配が忍び込む……（終章扉）。

最初の遷宮が行われたのは六九〇年、持統女帝の時代でした。この頃は新羅との交流をつづける一方、唐との関係が途絶えていました。そうした状況下で新生法隆寺や藤原京を建設するなど、独自に国のかたちを模索していた時代です。新羅経由の情報と日本在来のやり方がミックスされ、ここに独自の表現形式が生まれました。そのあり方はかなり特異です。

個々の建物では列島在来の形式が踏襲されていますが、社殿配置は厳格で徹底した対称性を見せています。聖域の中央に正殿が位置し、聖域全体が南北軸によって統合され、完璧なシンメトリーです。

そこに薬師寺の伽藍配置との共通性をみることができます。すでに述べたように薬師寺は、天武が皇后、つまりのちの持統天皇の病気快癒を願って着工され、天武没後に完成された寺でした。伊勢最初の遷宮には持統の意志が強くはたらいたとみられ、その社殿配置が薬師寺とつながるのは大いにありうる。薬師寺の伽藍配置に新羅の影響があることは先にみたところです。

社殿は南を正面としています。すでに述べましたが今日とは異なり当時、大神神社や春日大社の若宮社などに見られるように神社は東西を基準とするのが普通で、南面するのは新しかった。伽藍をとおした大陸からの影響とみられます。

伝統的な茅葺きの切妻屋根が踏襲されていますが、切妻側から入る妻入りではなく、棟の水平線に直交する平入りになっている。それまでの日本の建物は妻入りが一般的でした。平入りも大陸から来た伽藍建築の影響とみられます。

次に聖域の空間に注目します。玉垣によって聖域は四重に囲まれる。周囲と隔てられ、空とのみ繋がろうとするかに見える。周囲の樹海と対比的に、玉垣の内側には白い石が敷き詰められ乾いた空間をつくっています。フランス文化相をつとめた作家アンドレ・マルローは次のようにいいます。

「この社殿は神殿そのものではない。それは、まわりを取り囲む木々から切り離されれば、たちどころに、その生命を失ってしまう。社殿は、杉の巨木が形づくる聖堂のうちの内陣であり、祭壇に他ならないのだ」

（『見出された「日本」』より、大久保喬樹訳）

敷き詰められた白石の床と樹林による緑の壁に包まれた空間に注目しています。鋭い観察というべきでしょう。緑濃い樹林におおわれたゆたかな自然風土にあって、緑を排した幾何学的な白地の空間は際立って特別の場所でした。

法隆寺の聖域内には現在、梅の木がありますが、すでに第一章でふれたように当初からのものではないとみられます。伊勢神宮も法隆寺も、動物や植物を排除した白石や白砂からなる抽象的な空間であったわけです。

生成消滅をくり返し、変転して止まない自然、時に凶暴に振舞う畏怖すべき自然に対し、常緑の樹海の中に切り取られた長方形の白い空虚は変わらぬ基準、常なるもの、永遠なるものを示すゼロの空間、つまり真空を意味した。絶対の沈黙といってもいい。人びとは空白の中に代替のきかない絶対的意味を見いだしていたのではないか。

伊勢神宮の社殿はくり返し建て替えられます。ということは、それがいかに立派であっても仮の存在なのです。社殿がそこにあっても、聖域は樹海の中に切り取られた白い空虚と見えてきます。そこに特別の空気、絶対的な気配がしのび込む……。空白、空虚に対するゆたかな想像力のなせる業です。伊勢の本質は殿地に隣接する古殿地、つまり小さな覆屋だけがポツンとある過去の敷地にこそあると思われてくる。

遷宮により殿地は古殿地となります。それはまた未来の敷地でもあります。したがって現存する社殿が古殿地と隣り合わせということは、過去および未来の社殿と現在の社殿がヨコに並んでいることを意味します。時の流れに沿うヨコ並び配置といえます。

伊勢神宮が遷宮制度を確立し、その形態を定めつつあった時、新生法隆寺の造営が進められていました。これまで伊勢と法隆寺を同一視野に入れてじっくり論じることはあまりなかったようです。奇妙な〝空白〟といっていいでしょう。当時の社会は限定されたものです。そのなかで同時に進行した時代を象徴する二つの出来事が無関係であったはずがない、と思うのです。二つを並べて同時に見ると、いままで別ものと思っていた伊勢と法隆寺に共通する特徴が見えてきます。——白い空虚、そしてヨコ並びの発想。

†列島の自然と日本の空間

領域の真ん中がどうなっているのか、建物があるのか、何もない空間なのか。正面に視線を受け止める建物があるのか、それとも視線が通り抜けるのか。

法隆寺に示唆されて見てゆきますと、中心の空洞化、空間の水平性、開放性、透過性……、これらを求める傾向が意識的にか無意識的にか、陰に陽にはたらいていることに気づきます。建築は変化にとむ周囲の自然に連続し、それはまた変転して循環する時の流れともむすびついていた。岡倉天心はこうした感性を育んだ列島の風土をこう表現しています。

「風に波打つ稲田の海、群島のひとつとして同じでないさまざまな輪郭、四季が織り成すやわらかな色彩の絶え間ない変化、雲を通して薄日射す銀色の微光、滝のかかる新緑の丘陵、海辺の松林にこだまする海鳴り……」　（拙訳『東洋の理想』）

天心が遠くインドの地から望郷の念にかられて謳いあげた明治の頃の列島風景は、その後、開発され破壊されてきたとはいえ今日でもまだまだ見いだすことができます。記憶をよび起こしていただくためにわたしのことばを連ねます。

――とどまることを知らない春夏秋冬、ゆたかな四季のめぐり……、変化にとんだ青い尾根の稜線、分け入っても尽きることのない谷の襞、群青の空の高さに流れるひとすじの雲、白いしぶきをあげて屈曲し流れ下る谷川、先の見えないつづら折りの道、湯烟《ゆけむ》りに舞い散る枯葉、垂直の白い帯となって落下する滝、夕陽を浴びて黄金に燃え上がる山、白くたなびく春霞、上空高く菜の花の黄を鳴き尽くす雲雀《ひばり》、群生する山桜にほっこりと抱かれる桃源郷、水墨をにじませたかのような雨上がりの山里。気がつけば、空間のいたるところに立ち現れる、ことばにならない気配……

「何とも知れぬ四辺の風光にわが心を奪われて、わが心を奪えるは那物《なにもの》ぞとも明瞭に意識せぬ場合がある。……明かに何事をも考えておらぬ。又は慥《たし》かに何物をも見ておらぬ。……されども吾は動いている。……只《ただ》恍惚と動いている。強いて説明せよと云わるるならば、余が心は只春と共に動いていると云いたい。」

明治の文豪・夏目漱石――天心と同時代人です――が、小説『草枕』で主人公の画家に語らせている一節ですが、文明開化のさなかでの漱石自身の独白とみていいでしょう。そこには有と無のあわいを逍遥し愉しむ美意識があますことなく開陳されています。そういえば平安時代後期を旅に生きた歌人・西行のことばと伝えられるものに、

虚空のような心にさまざまな風情を映し出す……

という意味の一節がありました。そもそも列島の風景そのものが虚空のなかに展開されているのでした。それが特有の美意識を育ててきたのです。対してヨーロッパでは空白恐怖の心理が

ある。何にせよ、実体のあるものにみたされていないと落ち着かない。空白を避け、充塡しないと気がすまないのです。

日本では空白の美が好まれる。見る者に空白への参加を促し、想像力で空白を充塡《じゆうてん》することによって美が生まれる。美は作品のなかにすでにあるのではなく、そのつど生成されるのです。もちろんヨーロッパ美術にこうした面がないわけではありませんが、日本において著しいといえます。岡倉天心が欧米向けに日本の美を説いた名著 The Book of Tea（『茶の本』）で強調したところです。天心は、

「虚ろな空白はひとを誘い、ひとは空白に入り込むことによって美的情緒を満喫する」

（拙訳）

と述べ、これが西洋にない東洋、とくに日本の美術の本質だと説きました。美術も建築も鑑賞される対象というよりは、ひとを引き込み、ひとをその一部にしてしまうような存在なのです。

空白への美意識は列島に住む人びとのあいだで徐々に育てられたものと思われます。文化的DNAとして、大陸文化が入ってくる前から列島に根づいていたのではなかったか。そうでなければ、大陸には見られないほどの高い水準の空白表現を達成するのはとうてい無理と思われるからです。

しかしそれが美術や建築の表現形式として確立するには、やはりそれなりの時の経過を要し

ました。大陸からの圧倒的な影響の下にはじまった伽藍建築においてはとくに、不安と懊悩のなかで多くの試行錯誤がありました。数々の試みを経て、ようやく日本に独自の空間表現が確立したのでした。

天心は Asia is one.（アジアはひとつ）と唱えたことで有名ですが、しかしそれはヨーロッパ列強に対抗しての発言でした。予見なくアジアをみれば、大陸と列島のあいだには共通性とともに無視し得ない相違があります。事実、中国の旅を終えて天心自身が、

「日本で考へますと、支那は西洋とは大に違って居るといふ感じを皆持つやうでありますが、寧ろ日本よりも西洋に近い所のものがあるだらうと思はれます。例へば洛陽の城の脇に立って夕方向ふから長い鞭を持つて羊だの山羊だの駆りながら帰つて来る人の有様を見たり、其城の瓦の落ちた所などを見ると、……是れは羅馬《ローマ》に居るのではないか……」

（原文日本語「支那の美術」）

と感慨深く述べています。中国は日本よりローマによく似ているといっているのです。大陸を前にするとき、その風土と感性は列島と大きく違うといわねばなりません。伽藍配置を通しても、それはあきらかです。

こと建築に関していえば日本こそ空白表現に卓越し、最高の美的水準にまで高めているといえます。自然の空間と建築の空間は隔絶することなく、相互に浸透する。建築は空間をとおし

て自然に開放され、自然と交感する。意識は建物にとどまることなく、視線は歩みとともに空間を透過する。奥へ、虚空へと視線が抜ける透明な空気感、変化と動きにとんだ構成、空間のひろがりや漂いに宿る気配のおごそかさ、中空の聖域……。

まわりを山々に囲まれた盆地には確たる中心がありません。そうした盆地のやわらかな空間構造を中空の聖域は宿していた。列島の風土、自然環境の中でつちかわれた空間意識が聖域の空間表現に反映されたと思われるのです。列島のいたるところに盆地は分布しています。もちろん平野もあれば半島もありますが、列島内部は盆地の連鎖ともいえる。四方を海に囲まれた列島における盆地の連なり、中空のもつ意味——。それが果たした役割は大きかった。日本という国が確立し成熟する舞台であった奈良も京都も典型的な盆地でした。

新生法隆寺が端緒を開いた、それまでに見られない空間の性格は列島の自然がもつ空間の特質と重なるものでした。列島の自然が人びとの感性をつくりあげ、それが外来文化を受け容れる土壌となりました。そして大陸伝来の建築に徐々に沁み込んでいったのです。緊迫し閉ざされた状況のなかで、大陸から得た知識を十分にかみくだき、習得した技能と自己の感性を頼りにオリジナルな空間表現が切り開かれました。それが法隆寺だったのです。

列島で培われてきた空間感覚が法隆寺の伽藍においてはじめて実を結んだ。もちろん、そうした空間表現も大陸から伝来した建築がベースになって可能となったのでした。入ってきたものをまずは呑み込む。そこで生じた違和感をテコに、みずからの感性をもとに新しい表現を獲得していったのです。

今ではだれもが日本的と思っている空間であっても、水源をたどれば大陸に行き当たることが多い。しかし彼我の差は決定的です。

視線を跳ね返すことは好まれず、極力やわらげようとする。視線は抜けることが求められ、尊重される。建物どうし、互いを生かしつつバランスをとる。その見え方、視線の通り方が慎重に考慮される。空間に動きが発生し生気が宿る。そこには自由でゆるやかな秩序を成り立たせる、隠れた秩序があった。聖域の真ん中にひろがる何もない空間をまなざしは自由に遊泳する。ひとは空間をめぐる。そして空白は無言のうちにみずからを語りはじめ、やがてすべてを呑み込むにいたった……。

あとがき

本書を書き終えた余韻のなか、春まだ浅き三寒四温の韓国に、かって百済と新羅の栄えた土地を訪れた。法隆寺が建設された時代、頻繁に交流のあったところである。当時の空気をリアルに感じ取りたいがためであったが、冷たい風が吹き抜ける草むらの中に見いだされた遺跡の数々は、いまなお地上に建ち、歴史の風雪を生きぬいてきた法隆寺の凜とした姿を鮮やかに浮かび上がらせるのだった。

凍りつく厳寒のソウルから梅がほころび春のきざしを見せはじめたプサンまで、韓国を北から南に縦断する二週間近くに及ぶ旅であった。その途上に訪れた国立公園俗離山の法住寺には、本文でもふれた、韓国に唯一のこるといってよい国宝の木造五重塔がある。そこで経験した思いがけない出来事を書きとめておきたい。

塔の中には許可なしには入れないと思っていたが、扉が開いている。早朝だったせいか、誰もいない……。正面、南の口から恐る恐る入り、前面に座すきらびやかな本尊に跪き礼拝していた。そこに音もなく寺のひとがやって来た。小柄だが色艶のいい、かくしゃくとした老女であった。なにやら強い調子で話し掛けてくる。もちろんハングルでだが、意味を量りかね身振りで確かめると、腕を回しながら「回れ」と促す。それも東の口から始めて右まわりで、と指示してくる。

やはりそうだったのか！　右まわりに回るという、インドにはじまる礼拝作法をいっているのだった。本書のなかで強調したことがここでは現に、日常的に生きているのを体験し、忘れられない思い出となった。

思い出ついでにもうひとつ――。

ソウルから南に一五〇キロほど、かつて百済の都として栄えた扶餘《プヨ》を訪れると今ではひなびた町だった。おりからの〝竹島問題〟で韓国中が沸騰していたが、ここで思いがけない経験をした。

わたしが日本人とわかると、タクシーの運転手が熱弁をふるいだした。カタコトの英語をまじえたハングルは聞き取れなかったが、とにかく歓迎していることはわかる。白村江につうじる川のほとりに着くと、ここで三千人もの女たちが身を投げたと身振り手振りで力説する。そして、わざわざ車から降りてきて両手で握手を求めてきた。なんでそこまでと思ったが遠い昔、百済滅亡の危機に日本が援軍を大挙出したことをもって、わたしに親しみを感じてくれたらしい。かの地では古代の記憶が今もリアルに生きていると実感したのであった。

＊　　＊　　＊

法隆寺についてはこれまで多くの論争がくり返されてきた。古代史、美術史、建築史と立場はさまざまであり、したがって扱う資料や依って立つ根拠が異なるのは当然としても、論議がなかなか嚙み合っていない。それぞれの立場の主張にとどまっている感が強く、いっこうに全体像が結ばれないのである。

そこでひとりの建築家として美術を包含し、古代史との関連のなかで法隆寺の全体像に迫り、謎の究明を試みたのが本書である。もっとも、先例がないわけではない。もとよりひろく知られた梅原猛氏の〝法隆寺怨霊論〟があり、わたしも多くの刺激を受けた。その勇猛果敢な精神に敬意を表したい。しかし本文でもふれたように、なお定説とはいい難いのである。

全体像への筋道をもたない説は魅力に欠けるし、全体像はそのなかに当然、仮説を含む。新しい資料が出てきたとき、これを包含できれば全体像は確かさを増すし、できなければ、再度の構築が必要となる。歴史は絶えず更新されるのであり、本書もまた無縁ではない。

現存する法隆寺をはじめ、与えられた資料から全体像を描くしかないのであるから、歴史に断定は禁物である。建築から出発して、いえることはどこまでか、そしてその確かさは——。

気がつけば書き出す前には思ってもみなかった地平に進み出ていた。自分にとってもスリリングな展開となった。一番驚いているのは著者であるわたしかもしれない。そこに日本文化の真実を見いだしたと確信するわたしの思いを読者の方々の胸に届けられたかどうか……。今はただ、審判が下るのを静かに待つ心境である。

なお本書は二〇〇二年の夏に、「法隆寺をめぐって」と題して産経新聞に連載されたものが母体となっている。文化部編集委員の稲垣真澄氏は鋭敏な洞察力から法隆寺の謎解明の構想にいち早く関心を示され、深い理解と寛容をもって貴重な紙面を五回にわたって提供して下さった。これにどれだけ励まされ勇気づけられたことか、本当に感謝の言葉もない。ふり返れば四年に近い歳月がながれたがその間、本書誕生にいたるまで、終始おだやかなまなざしで見守りつづけていただいた稲垣真澄氏に本書はまず捧げられる。

稲垣氏が〝産みの親〟とすれば、ちくま新書編集者の湯原法史氏は〝育ての親〟である。その温厚な語り口、慎重な言い回しのなかから発せられる何気ない一言から、どれだけ貴重なヒントを得たことか。これまでわかりにくかった法隆寺の謎を読者にとって読みやすく解き明かすことができたとしたら、それはひとえに湯原氏に負うものである。そして大変緻密な編集を遂行して下さった。

おふたりの配慮とお力によって、この本は揺籃から拾い上げられた。重ねて感謝申しあげるとともに、お世話になったすべての方々に、ありがとうございましたと申し述べます。

二〇〇六年三月　桜の開花を心待ちにしつつ——

武澤　秀一

参考文献・図版出典

武澤秀一『迷宮のインド紀行』(新潮選書)
武澤秀一『空間の生と死——アジャンターとエローラ』(丸善)
平川彰『インド仏教史 上』(春秋社)
ヘルマン・ベック(西川隆範訳)『インドの叡智とキリスト教』(平河出版社)
松本栄一・奥山直司『チベット——マンダラの国』(小学館)
中村元編『仏教植物散策』(東京書籍)
鎌田茂雄『仏教伝来』(講談社)
町田章「中国の都城・日本の都城——その原型と独自性」(角川選書『長安』)
中山清隆「朝鮮の古代寺院跡について」(雄山閣『渡来人と仏教信仰』)
金誠亀「発掘された百済の寺院址と出土遺物」(大功社『継体大王と渡来人』)
田村圓澄ほか『百済文化と飛鳥文化』(吉川弘文館)
田村圓澄『古代朝鮮と日本仏教』(講談社学術文庫)
斎藤忠『北朝鮮考古学の新発見』(雄山閣)
砺波護・武田幸男『隋・唐帝国と古代朝鮮』(中央公論社『世界の歴史6』)

アンリ・ステアリン『世界の建築 下』(鈴木博之訳、鹿島出版会)
日本建築学会編『日本建築史図集』(彰国社)
『法隆寺の至宝　昭和資財帳　第一巻』、『同　第二巻』(小学館) *
『原色 日本の美術 2　法隆寺』(小学館)
『奈良六大寺大観 第一巻　法隆寺』(岩波書店)
法隆寺監修『法隆寺金堂壁画』(朝日新聞社)
『法隆寺古絵図集』(奈良文化財研究所)
伊東忠太『法隆寺』(創元社)
関野貞『日本の建築と芸術 上』(岩波書店)
石田茂作『飛鳥随想』(学生社)
石田茂作『法隆寺雑記帖』(学生社)
足立康『法隆寺再建非再建論争史』(龍吟社)
浅野清「西院伽藍の様式とその年代」(岩波書店『奈良の寺 1　法隆寺　西院伽藍』)
水野敬三郎・米田太三郎・辻本米三郎『奈良の寺 3　法隆寺　金堂釈迦三

尊』（岩波書店）
長廣敏雄・坂本万七・辻本米三郎『奈良の寺４　法隆寺　五重塔の塑像』（岩波書店）
福山敏男『社寺建築の研究 中　福山敏男著作集』（中央公論美術出版）
奈良文化財研究所編『大和吉備池廃寺——百済大寺跡』（吉川弘文館）
奈良文化財研究所編『大和山田寺跡』（吉川弘文館）
太田博太郎『日本建築史序説』（彰国社）
太田博太郎『日本建築の特質　日本建築史論集Ｉ』（岩波書店）
太田博太郎『南都七大寺の歴史と年表』（岩波書店）
太田博太郎「南都六宗寺院の建築構成」（集英社『日本古寺美術全集 第二巻』）
太田博太郎『奈良の寺々』（岩波ジュニア新書）
工藤圭章「飛鳥寺と法隆寺の建立」（集英社『日本古寺美術全集 第一巻』）
澤村仁『日本古代の都城と建築』（中央公論美術出版）
森郁夫『日本古代寺院造営の研究』（法政大学出版局）
森郁夫『日本の古代瓦 増補改訂版』（雄山閣）
井上充夫『日本建築の空間』（鹿島出版会）
藤井恵介『法隆寺II』（保育社）＊
大野潔『飛鳥の寺』（保育社）
大橋一章『斑鳩の寺』（保育社）
井上章一『法隆寺への精神史』（弘文堂）＊
直木孝次郎『わたしの法隆寺』（塙書房）
直木孝次郎『飛鳥——その光と影』（吉川弘文館）
高田良信『法隆寺の四季——行事と儀式』（法隆寺）
高田良信『法隆寺の謎と秘話』（小学館）
町田章編『古代史復元８　古代の宮殿と寺院』（講談社）＊
田中淡「大陸系建築様式の出現」（集英社『全集日本の古寺 第十巻』）
宮本長二郎「飛鳥時代の建築と仏教伽藍」（講談社『日本美術全集２』）
宮本長二郎「飛鳥・奈良時代寺院の主要堂塔」（集英社『日本古寺美術全集 第二巻』）
狩野久編『古代を考える 古代寺院』（吉川弘文館）
岡本東三『古代寺院の成立と展開』（山川出版社）＊
松浦正昭「年輪に秘められた法隆寺創建」（至文堂『日本の美術』第455号）
岸俊男編『都城の生態』（中央公論社）
奈良文化財研究所『飛鳥・藤原京展』（朝日新聞社）

千田稔「空間の原型」(『岩波講座 東洋思想 第16巻』)
千田稔『飛鳥——水の王朝』(中公新書) ＊
和田萃『飛鳥——歴史と風土を歩く』(岩波新書) ＊
木下正史「地中に眠る宮と寺」(吉川弘文館『古代を考える 飛鳥』)
木下正史『藤原京——よみがえる日本最初の都城』(中公新書)
木下正史『飛鳥幻の寺、大官大寺の謎』(角川選書)
奈良文化財研究所ほか編『平城京展』(朝日新聞社)
西岡常一・小原二郎『法隆寺を支えた木』(ＮＨＫブックス)
上田篤編『五重塔はなぜ倒れないか』(新潮選書)
山岸常人ほか『朝日百科・日本の国宝 別冊 国宝と歴史の旅８ 塔』(朝日新聞社)
岡田英男「法起寺三重塔」(朝日新聞社『週刊朝日百科・日本の国宝４』)
濱島正士監修『文化財探訪クラブ３ 寺院建築』(山川出版社)
山岸常人「奈良時代の法会と寺院建築」(講談社『日本美術全集４』)
山岸常人『中世寺院社会と仏堂』(塙書房)
東大寺編『東大寺』(学生社)
守屋弘斎「古代文化のモニュメント・東大寺盧遮那仏」(新人物往来社『仏陀の道「祈りと美」の遺産』)
川勝賢亮編『多宝塔と法華経思想』(東京堂出版)
延暦寺執行局『比叡山——その歴史と文化を訪ねて』(比叡山延暦寺)

坂本・家永・井上・大野校注『日本書紀』(岩波文庫) ＊
山田宗睦訳『日本書紀』(ニュートンプレス)
色川大吉編『日本の名著39 岡倉天心』(中央公論社)
岡倉天心『日本美術史』(平凡社ライブラリー)
夏目漱石『草枕』(新潮文庫)
和辻哲郎『古寺巡礼』(岩波文庫) ＊
亀井勝一郎『大和古寺風物誌』(新潮文庫)
井上正次『大和古寺』(日本評論社)
井上光貞『飛鳥の朝廷』(講談社学術文庫)
田村圓澄『飛鳥・白鳳仏教史 上』『同 下』(吉川弘文館)
林屋辰三郎『日本の古代文化』(岩波書店)
町田甲一『古寺辿歴』(保育社)
町田甲一『大和古寺巡歴』(講談社学術文庫)
梅原猛『隠された十字架——法隆寺論』(新潮文庫) ＊
上原和『斑鳩の白い道のうえに——聖徳太子論』(朝日新聞社) ＊

上原和『聖徳太子――再建法隆寺の謎』(講談社学術文庫)
上原和『仏法東流――飛鳥・白鳳への道』(学生社)
上原和『大和古寺幻想――飛鳥・白鳳篇』(講談社)
栗田勇『飛鳥大和　美の巡礼』(新潮文庫)
佐藤正英『聖徳太子の仏法』(講談社現代新書)
本郷真紹編『和国の教主　聖徳太子』(吉川弘文館)
大山誠一『〈聖徳太子〉の誕生』(吉川弘文館)　*
谷沢永一『聖徳太子はいなかった』(新潮新書)
吉村武彦『聖徳太子』(岩波新書)
北山茂夫『壬申の内乱』(岩波新書)
岡田英弘『日本史の誕生――千三百年前の外圧が日本を作った』(弓立社)
森公章編『日本の時代史 3　倭国から日本へ』(吉川弘文館)
吉田孝『日本の誕生』(岩波新書)
吉村武彦『古代天皇の誕生』(角川選書)
遠山美都男『天皇と日本の起源――「飛鳥の大王」の謎を解く』(講談社現代新書)
上田正昭『帰化人』(中公新書)
上田正昭『古代日本の女帝』(講談社学術文庫)
杉山二郎『天平のペルシャ人』(青土社)
山折哲雄『巡礼の構図』(弘文堂)
懐徳堂友の会編『道と巡礼――こころを旅する人々』(和泉書院)
末木文美士『日本仏教史――思想史としてのアプローチ』(新潮文庫)
浅野晃『岡倉天心論攷』(永田書房)
大久保喬樹『岡倉天心』(小沢書店)
大久保喬樹『見出された「日本」――ロチからレヴィ＝ストロースまで』(平凡社選書)

辻直四郎訳『リグ・ヴェーダ讃歌』(岩波文庫)
服部正昭『古代インドの神秘思想』(講談社現代新書)
荒川紘『日本人の宇宙観』(紀伊國屋書店)
中西進『日本神話の世界』(平凡社)
中西進『古代日本人・心の宇宙』(ＮＨＫブックス)
黛弘道『古代日本人の謎』(大和書房)
大林太良『神話の系譜――日本神話の源流をたずねて』(青土社)
吉野裕子『増補 日本古代呪術』(大和書房)
黒板勝美「我が上代に於ける道家思想及び道教について」(雄山閣『選集

道教と日本 第一巻』)
下出積與『神仙思想』(吉川弘文館)
福永光司『道教と古代日本』(人文書院)
福永光司『「馬」の文化と「船」の文化――古代日本と中国文化』(人文書院)
イーフー・トゥアン『空間の経験――身体から都市へ』(山本浩訳・ちくま学芸文庫)
松前健『日本の神々』(中公新書)
三宅和朗『古代の神社と祭り』(吉川弘文館)
樋口清之「神体山三輪山と磐座」(同友館『神郷三輪山』)
筑紫申真『アマテラスの誕生』(講談社学術文庫)
田村圓澄『伊勢神宮の成立』(吉川弘文館)
石元泰博・磯崎新・稲垣栄三『伊勢神宮』(岩波書店)
斎藤潤・樋口智之『平成の大修理 国宝 大崎八幡宮展』(仙台市博物館)

『岩波仏教辞典 第二版』(岩波書店)
『新版仏教学辞典』(法蔵館)

参考にした文献は広汎にわたり、本文中に記載することができませんでした。上記をはじめとする先達の貴重な蓄積を前提として本書は成り立っています。著者の方々に深甚なる謝意を表します。
　なお、*印は本書執筆において参照することが特に多かった本です。

写真：本文中、特記のあるもの以外は著者撮影

図版作成協力：増田博子(東北文化学園大学大学院；当時)

ちくま新書
601

法隆寺《ほうりゅうじ》の謎《なぞ》を解《と》く
二〇〇六年六月一〇日　第一刷発行
二〇一五年二月一〇日　第五刷発行

著者　武澤秀一（たけざわ・しゅういち）
発行者　熊沢敏之
発行所　株式会社　筑摩書房
東京都台東区蔵前二-五-三　郵便番号一一一-八七五五
振替〇〇一六〇-八-四一二三
装幀者　間村俊一
印刷・製本　三松堂印刷　株式会社

乱丁・落丁本の場合は、左記宛にご送付下さい。
送料小社負担でお取り替えいたします。
ご注文・お問い合わせも左記へお願いいたします。
〒三三一-八五〇七　さいたま市北区櫛引町二-六〇四
筑摩書房サービスセンター　電話〇四八-六五一-〇〇五三

ISBN978-4-480-06260-4 C0252

ちくま新書